Tabaquismo
y enfermedad

Tabaquismo
y enfermedad

Eduardo Alegría Ezquerra

EVEREST

ÍNDICE DE CONTENIDOS

Salud para todos

Tabaquismo y enfermedad

Salud para todos

Tabaquismo y enfermedad

Introducción

Para que ningún lector se llame a engaño, el autor quiere desde la primera línea dejar clara su opinión sobre el hábito (más bien vicio) de fumar: no es partidario. No puede serlo quien lleva casi tres décadas viendo sus estragos desde primera fila de barrera. Por lo tanto, quienes esperen una actitud tibia, neutral o ecléctica, quedan advertidos de que no la encontrarán; los que busquen alguna virtud o efecto positivo del tabaco, tengan por seguro que lo harán en vano. El objeto del libro es divulgar -una vez más- los efectos dañinos del tabaco, llamar la atención -una vez más- sobre la triste y demoledora epidemia de su consumo y ofrecer algunos motivos y consejos -una vez más- para que escapen de tal epidemia los que padecen sus consecuencias. La firmeza y rotundidad expresadas son una toma de postura, lo que no significa militancia ni activismo proselitista anti-tabaco, intolerancia, menosprecio hacia quienes elijan la opción contraria ni tampoco beligerancia inútil contra nadie. Solamente se presentarán los hechos, que hablan por sí solos.

La línea argumental del libro es sencilla. Comienza con el tabaco en sí, sigue por su consumo y sus efectos perjudiciales, y acaba en la prevención y el tratamiento. Prescindiremos, pues, de profundizar en aspectos macroeconómicos, sociales y mercadotécnicos. No busque el lector nada nuevo, espectacular ni brillante. Todo lo que se dirá se ha repetido ya en múltiples foros, y hay toneladas de libros y folletos y millones de líneas informáticas donde se dicen las mismas cosas y se pueden encontrar referencias, citas o ampliaciones. Sobre los efectos perjudiciales del tabaco se ha dicho casi todo. Nadie alegue, pues, ignorancia o desconocimiento, ni mucho menos insinúe que la evidencia contra el tabaco dista de ser incontrovertible. A estas alturas, resultaría patéticamente cínico.

El hecho de que la epidemia continúe hace deducir que aún no se ha dicho lo bastante, lo suficientemente alto o con el énfasis debido.

Sin embargo, el hecho de que la epidemia continúe hace deducir que aún no se ha dicho lo bastante, lo suficientemente alto o con el énfasis debido. Sirva este libro como contribución humilde a esa cadena. Si su lectura consigue que una sola persona abandone el vicio del tabaco y lo pregone, habrá valido la pena el esfuerzo.

¿Significa esto que el libro va dirigido sólo a los fumadores? Interesante cuestión la de quiénes son los destinatarios de este libro. Y difícil de contestar. El fumador ya sabe sobre el tabaco casi todo, aunque no hace caso; el no fumador no tiene este problema y, por lo tanto, piensa que no le interesa. ¿Quiénes aprovecharán, entonces, lo poco o mucho de útil que se dirá en las páginas que siguen? En principio, a toda persona le conviene saber cuanto más mejor sobre un problema tan grave, aunque no le afecte por el momento (al no fumador) o no desee o se sienta incapaz de actuar en consecuencia (el fumador).

Además, la situación puede cambiar: el no fumador necesitará quizá refrescar sus conocimientos para ayudar a amigos, parientes o vecinos; y el fumador probablemente quizá pronto se vea enfrentado a un ultimátum: tabaco o salud (es de esperar que no por un problema insoluble).

En resumidas cuentas, la ilusión del autor y del editor es que todos, fumadores y no fumadores, encuentren utilidad a este modesto libro.

El autor desea dedicar este libro a muchas personas queridas, algunas de ellas fumadoras. Quiera Dios que pronto lo dejen. Todas ellas han ayudado -de un modo u otro- a gestarlo. Pero es de justicia resaltar algunas de forma especial. En primer lugar, claro está, los familiares que cotidianamente me soportan (entre quienes ¡ay! hay también cultivadores del vicio). También merece una especial mención el Dr. Aparici, colaborador entusiasta de los primeros estudios sobre tabaquismo hace ya años. La Sra. A. Alonso es un ejemplo de fidelidad, laboriosidad y eficacia al transformar incansable e incesantemente verdaderos jeroglíficos en auténticos primores mecanográficos y estilísticos. Finalmente, gratitud especial merecen dos personas de las que he aprendido mucho en lo científico y lo personal, con quienes tengo una antigua y estrecha relación para describir la cual el término amistad resulta estrecho. El Prof. López García-Aranda, de quien proceden muchas de las cosas que se dicen en el libro, ha hecho y hace mucho por la lucha contra las consecuencias del tabaco con las armas adecuadas: el conocimiento y la divulgación. Es presidente del Comité Nacional para la Prevención del Tabaquismo, pero no es esta la razón de la dedicatoria. Tampoco lo es en el caso del Prof. Cruz Fernández, Presidente de la Sociedad Española de Cardiología e impulsor decisivo de muchas iniciativas científicas y educativas. Ambos, Víctor y José María, poseéis un raro cóctel de cualidades en el que es difícil reconocer todos sus componentes, pero los que más resaltan son vuestras ternura, hidalguía, lealtad y hondura. Gracias por esparcirlas cotidiana y generosamente.

¿Llevaremos al tercer milenio los vicios del segundo?

Los arqueólogos son fascinantemente capaces de deducir muchísimos datos del estudio de pequeños restos que encuentran enterrados. Parece que han encontrado en América instrumentos de arcilla, piedra y hueso que datan del año 1500 a. C. y que podrían ser pipas usadas para fumar. No podemos afirmarlo con certeza.

Lo que sí sabemos es que en América ya se fumaba cuando los españoles llegaron en el siglo XV. Los indígenas habían desarrollado allí toda una cultura de consumo del tabaco en diversas formas (**Figura 1**). Los españoles, claro, se aficionaron (la imitación bobalicona de lo desconocido) y lo importaron a Europa. La triste "gloria" de haber traído por primera vez a España una planta de tabaco (1508) la tiene un tal Rodrigo de Jerez.

Después, el consumo de tabaco se extendió hasta convertirse en la epidemia que es hoy día, con diversas vicisitudes (**Cuadro 1**). No entraremos en detalles, aunque sería intere-

EL TABACO EN LA AMÉRICA PRECOLOMBINA

Indios precolombinos

Figura 1

sante reflexionar sobre cómo se ha extendido una costumbre antes de saber que era peligrosa y por qué no se ha desvanecido del mismo modo cuando se supo que lo es.

DIFUSIÓN DEL TABACO EN EUROPA

Versión habitual	Versión francesa
1508. Rodrigo de Jerez trae a España la primera planta	
1559. Hernández de Oviedo, físico (médico) de Felipe de España, regala semillas al embajador francés, Jean Nicot	1557. Théret trae semillas del Brasil y las cultiva en Francia
1560. Nicot regala las plantas a Catalina, reina madre de Francia	

ss. XVI - XVIII	*Fase medicinal*:	Durante muchos años se consideró al tabaco como medicamento: *Herba sancta, Herba panacea*
s. XVIII	*Fase elitista*:	Rape Cigarros puro
s. XIX	*Fase industrial*:	Proliferación de las fábricas de cigarros y cigarrillos manufacturados (la primera en Cuba, en 1840). J. Bonsack (1881) inventa una máquina de hacer cigarrillos
s. XX	*Consumo masivo*:	A raíz de la Primera Guerra Mundial se extendió masivamente el consumo en varones. A partir de la Segunda Guerra Mundial las mujeres se sumaron al consumo masivo. A partir de la descolonización, los países del "Tercer Mundo" se apuntaron también

Cuadro 1

Salud para todos

Tabaquismo y enfermedad

¿Qué tiene el tabaco que lo hace tan dañino?

Para no complicar las cosas, vamos a prescindir de hacer diferencias de entrada entre fumar cigarrillos, fumar puros, fumar en pipa, mascar tabaco u otras modalidades de consumo. Todas son dañinas, en mayor o menor grado, y a lo largo de la exposición irán saliendo algunas particularidades. Analizaremos en este capítulo los componentes del tabaco y sus efectos sobre el organismo del pobre fumador.

Composición del tabaco

El tabaco que contiene los productos ofrecidos al público para fumar se obtiene a partir del curado y fermentación de las hojas de la planta *Nicotiana tabacum* (bautizada así por Linneo en 1773 en honor a Jean Nicot, cuyo único "mérito" fue la difusión comercial, no el descubrimiento, como tantas veces sucede). El género *Nicotiana* abarca más de 50 especies; la especie *N. tabacum* se divide a su vez en cuatro variedades: *brasiliensis, bravanensis, purpurea* y *virginica*.

El tabaco tiene hasta 3.900 componentes. En la concentración de los mismos influyen muchos factores, como el suelo, la pluviosidad y la insolación, la densidad de las plantas, los métodos de "desbrote", curado y secado, el manejo industrial y otros. Por ejemplo, el componente más conocido, la nicotina, tiene una concentración del 3% en la planta recién cortada y del 1,5% en el tabaco listo para ser encendido. No entraremos en exponer detalladamente de las diferencias entre los distintos tipos y colores del tabaco; mucho menos distinguiremos características organolépticas, más propias de catadores que de una presentación científica.

La combustión

Como puede suponerse, es de gran importancia, pues es lo que permite que lleguen las sustancias químicas que contiene el cigarrillo, cigarro o tabaco de pipa hasta el fumador (y los que le rodean). La combustión tiene dos componentes o corrientes (**Figura 2**): la principal y la secundaria. La **co-**

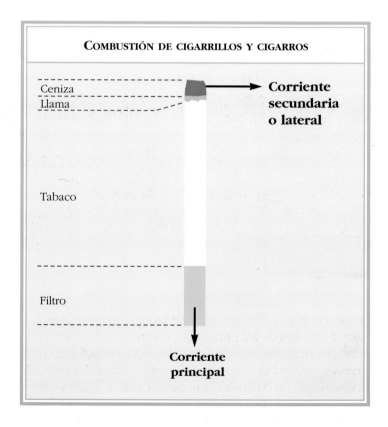

Figura 2

rriente principal es la que el fumador introduce en su "árbol respiratorio" con cada aspiración ("calada").

La **corriente secundaria o lateral** es la que se origina en la punta encendida del cigarrillo o del cigarro (que está a una temperatura entre 600 y 900° C) cuando se quema espontáneamente. Contrariamente a lo que podría parecer, la **corriente secundaria** no es menos tóxica que la principal, como se verá más adelante.

Componentes tóxicos

Los 4.720 compuestos identificados en el cigarrillo en combustión podemos dividirlos en dos grupos, partículas y gases (**Cuadro 2**). Entre las **partículas** destacan el agua, la nicotina y un conjunto de hidrocarburos aromáticos policíclicos denominados alquitranes. Los **gases** del humo del tabaco son unos 500, de los que los más importantes son: nitrógeno (50%), oxígeno (10%), dióxido de carbono (15%), monóxido de carbono (6%) y otros.

PRINCIPALES COMPONENTES DEL CIGARRILLO EN COMBUSIÓN	
Partículas	**Gases**
Agua	Nitrógeno
Nicotina	Dióxido de carbono
Alquitranes	Monóxido de carbono

Cuadro 2

Para darse una idea de las magnitudes, presentamos las concentraciones de los principales componentes tóxicos del humo del cigarrillo (**Cuadro 3**). Como puede apreciarse, la corriente secundaria (combustión espontánea) tiene más concentración de compuestos tóxicos. Claro, no todos van al fumador activo o pasivo, pues se diluyen en el aire del ambiente. En cambio, los compuestos de la corriente principal van todos bien adentro del fumador.

Salud para todos

Tabaquismo y enfermedad

DISTRIBUCIÓN DE COMPUESTOS TÓXICOS EN LA COMBUSTIÓN DEL CIGARRILLO			
Tipo	**Compuesto**	**Corriente principal**	**Corriente secundaria**
Gases	Monóxido de carbono Dióxido de carbono	10 - 20 mg 20 - 60 mg	35 - 80 mg 200 - 600 mg
Partículas	Nicotina Benzopireno	1 - 3 mg 20 - 40 mg	3 - 7 mg 60 - 120 mg

Cuadro 3

Efectos patológicos
Nicotina

Es un alcaloide no nitrogenado que se sintetiza en las raíces de la planta y emigra hasta las hojas, donde se deposita. Al quemarse el tabaco, se destruye un 35%, se libera un 55% y queda en la colilla un 10% (**Figura 3**).

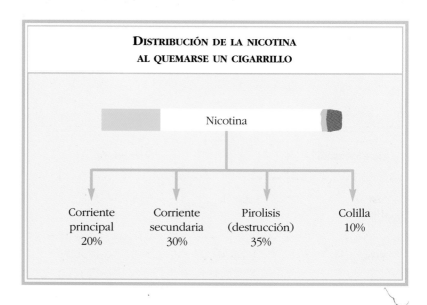

Figura 3

La nicotina pasa a la sangre por dos vías, según la acidez del humo. Con la pipa o los cigarros puros, más alcalinos, se absorbe casi toda por la mucosa de la boca. Con los cigarrillos, más ácidos, se absorbe en los pulmones. Una vez en la sangre, la nicotina circula en un 70% ionizada, por lo que atraviesa las membranas y alcanza todos los territorios, incluso el cerebro. Su concentración máxima en la sangre (50 ng/ml) se alcanza a los 10 minutos de fumar un cigarrillo y desciende a la mitad en 30 minutos (¡al cerebro llega en menos de 10 segundos tras la primera "calada"!). Su producto de degradación, la **cotinina**, se elimina por la orina, analizando la cual puede saberse si una persona fuma o ha fumado. Esta determinación se utiliza en los ensayos clínicos en los que es importante asegurarse si el paciente realmente ha de-

El efecto estimulante de la nicotina es la causa, entre otros efectos, de la aceleración cardíaca, de la irritabilidad y el nerviosismo.

Acciones principales de la nicotina		
Lugar	**Acción**	**Efectos**
Cerebro	Estimulante	Excitación Nerviosismo Irritabilidad Temblor - convulsiones Vómitos Dependencia
Sistema cardiovascular	Estimulante	Taquicardia Hipertensión
Sistema digestivo	Estimulante	Hipersalivación Hiperclorhidria
Bronquios	Estimulante	Hipersecreción

Cuadro 4

jado de fumar, pues no todos los que confiesan haberlo dejado lo han hecho realmente.

Las acciones de la nicotina son ubicuas (**Cuadro 4**). Su efecto **estimulante** general es la causa, entre otros efectos, de la aceleración cardíaca, de la irritabilidad y el nerviosismo. ¿Qué el tabaco es relajante?, ¡ya, ya!; sólo relaja al que está excitado por la abstinencia previa, y sólo durante un breve período de tiempo. Además, la nicotina posee un efecto mixto, puede ser estimulante o tranquilizante, y curiosamente cuando no debe: los fumadores presentan somnolencia de día e insomnio por la noche. La nicotina también es la causa de la **dependencia**, que analizaremos en otro capítulo.

Monóxido de carbono

Se produce en la punta del cigarrillo por la descomposición térmica y la combustión del tabaco. Curiosamente, su concentración es mayor en los cigarrillos con filtro.

Penetra en los pulmones al inhalar el humo, atraviesa la membrana de los alvéolos pulmonares, pasa a la sangre y allí se une a la hemoglobina desplazando al oxígeno, que es lo que realmente debe transportar esta proteína a todo el organismo. El compuesto resultante, la **carboxihemoglobina**, pierde su capacidad transportadora de oxígeno. Lógicamente, cuanto mayor sea el porcentaje de hemoglobina ocupada por el monóxido de carbono (un fumador medio puede tener hasta un 15%), menos quedará para transportar el oxígeno. Este efecto, evidentemente, está en relación directa con la intensidad del consumo.

> **El efecto patológico principal del monóxido de carbono es la disminución de la oxigenación tisular (hipoxia).**

El efecto patológico principal del monóxido de carbono, por lo tanto, es la disminución de la oxigenación tisular (que se denomina **hipoxia**). Esta situación "desgasta" las arterias y los diversos órganos, que se encuentran en una situación crónica de "falta de gasolina". Ello provoca cansancio, fatiga fácil, aturdimiento, disminución de la agilidad y de la concentración mentales y otros efectos similares fácilmente deducibles.

22

Salud para todos

Tabaquismo y enfermedad

Alquitranes

Se forman durante la combustión del tabaco (más en el "rubio") y se inhalan con el humo. Los "defensores" del tabaco arguyen que también los produce la **contaminación** industrial. Cierto, pero si analizan las cifras relativas, verán que el orden cuantitativo es muy diferente (**Cuadro 5**).

El principal efecto patogénico de los alquitranes y compuestos relacionados es la **carcinogénesis** (inducción de tumores). En el próximo capítulo enumeraremos los tumores más frecuentemente causados por el tabaco, pero existe la sospecha de que influye, en mayor o menor medida, en casi todos.

CONCENTRACIONES DE 3-4 BENZOPIRENO, UNO DE LOS ALQUITRANES MÁS ESTUDIADOS Y TÓXICOS	
Lugar	**Cantidad (cifras aproximadas)**
Atmósfera	10 ng/1.000 m^3
Ambiente muy cargado de humo	2.000 ng/1.000 m^3
Lo que inhala un no fumador al año (5.000 m^3 de aire)	5 - 100 ng/año
Lo que inhala un fumador de 20 cig/día (0,1 ng en cada cigarrillo)	7.000 ng/año

Cuadro 5

¡Algo bueno tendrá!
Rotundamente, no.
Todo es malo

Son escasos los defensores del tabaco que están o aparentan estar convencidos de que tiene algún efecto positivo (el Parkinson y alguna otra enfermedad que dicen que no se da en fumadores). Ilusos. Son casi tan ingenuos como los médicos decimonónicos, que usaban el tabaco como medicamento. Tendremos ocasión de discutir tales supuestos efectos favorables en este capítulo.

Son más los que, aun creyendo que el tabaco no es bueno, piensan que un consumo escaso o esporádico (1-2 cigarrillos/día, un buen puro después de una comida espléndida tras el café y la/s copa/s reglamentaria/s) tiene unos efectos perjudiciales claramente de menor enjundia que el enorme placer que produce. Benditos. Si creen que son capaces de seguir de por vida con este consumo episódico (lo que casi nadie consigue, pues la dependencia suele ir necesitando dosis crecientes para satisfacerse) y que les compensa un riesgo pequeño (en materia de riesgos, la regla es "cuanto más bajo, mejor"), allá ellos. Excepciones las hay en todo. Pero, como norma general, el tabaco no tiene ningún efecto positivo real -el "placer" que produce es tan ficticio como el

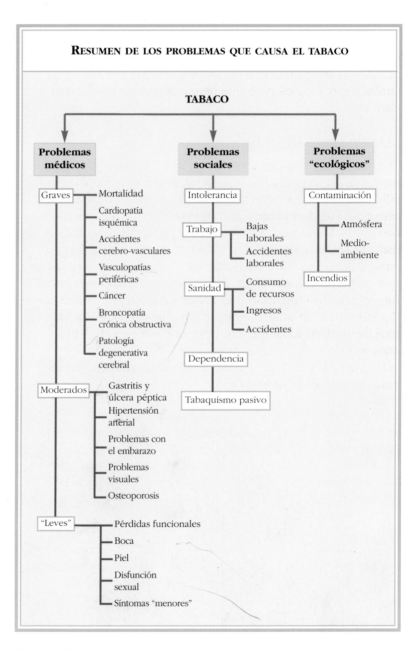

Figura 4

de cualquier droga- y sí muchísimos efectos malos, malísimos, terribles, como repasaremos en este capítulo de forma pormenorizada (**Figura 4**).

Se han dividido estos efectos en tres grupos: los problemas **médicos** o personales, que afectan al propio consumidor (aunque también se extienden a **Los efectos del tabaco son de tres tipos: médicos, sociales y ambientales.** otros), los problemas **sociales** o daño que se hace a la economía o a otras personas y los problemas **ambientales**, que también son sociales pero que hemos separado para mayor claridad.

Mayor mortalidad

Es abrumadora la cantidad de estudios en los que se ha demostrado que las personas que fuman presentan mayor mortalidad que las que no lo hacen. El resumen de los mismos señala que los fumadores, en conjunto, tienen una mortalidad de un 30% a un 80% más elevada que los no fumadores. Este dato puede interpretarse de muchas maneras. Los propagandistas dirán que los fumadores mueren mucho más que los no fumadores, expresión inexacta puesto que todos, fumadores y no fumadores, acabamos muriendo; los pseudodefensores del tabaco arguyen que, puesto que nos hemos de morir de todas formas, poco importa perder algunos años de vida si disfrutamos más durante ella. Bueno será, ante tanta ambigüedad, dar mensajes algo más precisos, que se entenderán mejor (**Cuadro 6**).

TABAQUISMO Y MORTALIDAD

- Una de cada seis muertes se debe primordial o únicamente al tabaco. Ello hace del tabaco un factor más mortífero que el conjunto de los fallecimientos por suicidio, accidentes de circulación, ataques de perros salvajes (a imitación de sus dueños), Sida, terrorismo, homicidios y sobredosis de drogas (causas todas ellas -además del "mal de las vacas locas", que hasta ahora ha provocado poquísimos fallecimientos- que están cotidianamente en periódicos, radios y pantallas)

- Cada 10 cigarrillos/día fumados aumenta la mortalidad en hombres en un 18% y en un 31% en mujeres

- Si tomamos como "meta" la edad de 75 años, que era la esperanza de vida promedio del hombre español hace una década, llegan a esa edad sólo el 40% de los que han vivido fumando y el 75% de los que no fumaron

- La reducción de la expectativa de vida es máxima entre los 45 y los 54 años, aunque en cifras absolutas el exceso de mortalidad sea más elevado en los de más edad, al tener éstos un índice de mortalidad más alto

- De cada 1.000 adultos jóvenes, 6 morirán en accidente de tráfico y 250 por culpa del tabaco

- La mayoría de los que mueren por causa del tabaco no son grandes fumadores, pero han comenzado a serlo muy jóvenes

- No se ha descubierto, hasta la fecha, ningún colectivo (sexo, etnia, ocupación, genética) inmune a los efectos patológicos del tabaco

Cuadro 6

Algunos datos numéricos arrojarán más luz sobre este aspecto. Analícese, por ejemplo, la reducción de la esperanza de vida en años según el consumo habitual y la edad considerada (**Cuadro 7**). A algunos les parece que una reducción de 5 a 8 años de la expectativa de vida no es muy impresionante o, en todo caso, la dan por buena con tal de seguir "disfrutando" de su vicio. Son los mismos que, cuando se acerca la meta, lo lamentan y piden prórroga.

REDUCCIÓN DE LA ESPERANZA DE VIDA (EN AÑOS) EN FUMADORES				
Edad (en años)	Consumo (cigarrillos/día)			
	< 10	10 a 20	20 a 40	> 40
30	- 4,6	- 5,5	- 6,1	- 8,1
40	- 4,3	- 5,8	- 5,8	- 7,6
50	- 3,8	- 4,6	- 5,1	- 6,3
60	- 3,1	- 3,5	- 3,9	- 4,4

Cuadro 7

Entre los muchos factores que influyen sobre la letalidad del tabaco, es preciso destacar algunos, por otra parte evidentes (**Cuadro 8**). Es lógico que cuantos más cigarrillos se

FACTORES QUE INFLUYEN EN EL AUMENTO DE MORTALIDAD DEL TABAQUISMO		
Factor	Categorías	Momio
Cantidad consumida	< 10 cig./día 10 - 20 21 - 30 > 40	1,4 1,6 2,0 2,2
Comienzo del hábito	> 25 años 15 - 24 < 15	1,7 - 1,8 [1] 1,9 - 2,2 2,1 - 2,6
Grado de inhalación del humo	No "tragan" Ligera Profunda	1,4 - 1,3 [2] 2,0 - 1,5 2,5 - 1,7
Tipo de tabaco	Cigarrillos Puros Pipa	1,8 [3] 1,6 1,3

(1) < 20 - > 30 cig./día   (2) < 65 - > 75 a   (3) Promedio

Cuadro 8

Salud para todos

Tabaquismo y enfermedad

fumen, durante más tiempo o con más intensidad, mayor sea el efecto sobre la mortalidad. Aunque en todo hay matices, los que "no tragan" el humo también tienen mayor mortalidad ("Administradores que administran y enfermos que enjuagan, algo tragan").

Para los no versados, el término "momio" -que aparecerá varias veces en este capítulo- es la traducción del inglés *odds ratio* (literalmente "cociente de probabilidades"). Significa la proporción entre el riesgo de los que tienen el rasgo considerado frente al de los que no lo tienen, o entre el riesgo de un grupo frente a otro categóricamente diferente que se toma como unidad. Por ejemplo: un momio de 2 (también se expresa 2/1 o 2:1) indica que la probabilidad es el doble en el primer grupo que en el segundo; un momio de 1,5 significa que, si la mortalidad del grupo de comparación es 4 por mil, la del grupo en cuestión será 6 por mil.

Cuantos más cigarrillos se fumen, durante más tiempo o con más intensidad, mayor será el efecto sobre la mortalidad.

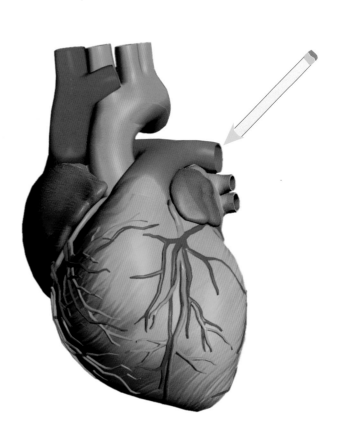

Cardiopatía isquémica

Se incluyen en el término "cardiopatía isquémica" (preferible al de "enfermedad coronaria" que muchos usan) la angina de pecho y el infarto agudo de miocardio. Ambas son manifestaciones de la **isquemia** (escasez de aporte de oxígeno) del músculo del corazón (**miocardio**); ésta se produce porque los canales que llevan el oxígeno por la sangre a este órgano (**arterias coronarias**) no tienen suficiente calibre por sufrir una enfermedad denominada **aterosclerosis**, que provoca su estrechamiento progresivo.

La aterosclerosis es la principal causa de muerte en los países industrializados. Se trata de un proceso lentamente progresivo de degeneración de las arterias que comienza en la infancia, aunque sus manifestaciones clínicas suelen aparecer en las edades medias de la vida y, a medida que progresa la edad, van haciéndose más frecuentes.

Esta enfermedad es multifactorial, lo que quiere decir que sus causas son múltiples. A la génesis de su lesión anatómica -la placa de ateroma- contribuyen una serie de factores que se denominan **factores de riesgo**. Entre los principales están la hipercolesterolemia, el tabaquismo, la hipertensión arterial, la diabetes, la edad, el sexo y la historia familiar. Los tres últimos factores citados son inmodificables. Los cuatro primeros son modificables, o sea, prevenibles, lo que quiere decir que su eliminación impide o ralentiza el desarrollo de la aterosclerosis.

Los factores de riesgo se han clasificado por parte de algunos organismos internacionales en cuatro categorías (**Cuadro 9**), que hacen referencia a la mayor o menor relación de los mismos con la incidencia de aterosclerosis y sus manifestaciones, y a la mayor o menor posibilidad de reducir éstas modificando aquéllos. Obsérvese que el tabaco ocupa el primer lugar.

> **Entre los principales factores de riesgo están la hipercolesterolemia, el tabaquismo, la hipertensión arterial y la diabetes.**

El tabaco está claramente relacionado con la aterosclerosis, de tal modo que se considera esta relación como **causal**. Esto se ha demostrado tanto en autopsias como en estudios clínicos. Por ejemplo, en una serie de **autopsias** practicadas a más de 1.000 individuos fallecidos por otra causa en relación con el hábito tabáquico que presentaban en vida, se apreciaron grados de aterosclerosis más avanzados cuanto más cigarrillos fumaban (**Figura 5**).

CLASIFICACIÓN DE LOS FACTORES DE RIESGO (*27 th Bethesda Conference, 1995*)		
Categoría	**Definición**	**Factores**
I	Se ha demostrado que la intervención sobre ellos reduce el riesgo de enfermedad cardiovascular	Consumo de cigarrillos. Aumento del colesterol LDL. Hipertensión Dieta con contenido inadecuado en grasas Hipertrofia ventricular izquierda. Factores trombogénicos
II	La intervención sobre ellos es probable que reduzca el riesgo de enfermedad cardiovascular	Diabetes Inactividad física Disminución del colesterol HDL Aumento de triglicéridos Obesidad
III	Si se pudiera intervenir sobre ellos podría reducirse el riesgo de enfermedad cardiovascular	Factores psicosociales. Lipoproteína (a). Homocisteína Aumento del "estrés oxidativo"
IV	Factores asociados con mayor riesgo de enfermedad cardiovascular, pero que no pueden ser modificados	Edad Sexo masculino Historia familiar de enfermedad cardiovascular precoz

Cuadro 9

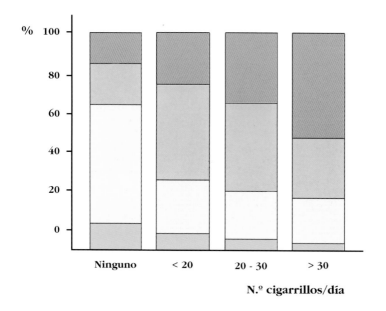

□ No aterosclerosis.

□ Aterosclerosis ligera.

□ Aterosclerosis moderada.

■ Aterosclerosis avanzada.

Figura 5

En cuanto a la **evidencia clínica**, son numerosos los hechos que demuestran la relación entre tabaco y cardiopatía isquémica. Baste un breve ramillete (**Cuadro 10**).

33

Salud para todos

Tabaquismo y enfermedad

Influencia del tabaco sobre la cardiopatía isquémica

- El tabaco es el principal factor de riesgo modificable para la cardiopatía isquémica, tanto en hombres como en mujeres (momio global = 2)

- El tabaco es la causa directa de un 20% de los infartos

- Los fumadores de menos de 50 años tienen cinco veces más infartos que los no fumadores de la misma edad

- Las mujeres no fumadoras presentan el primer infarto con 15 años más, en promedio, que los hombres. Sin embargo, la edad de las mujeres fumadoras es igual a la de los varones fumadores cuando tienen su primer infarto

- En las mujeres que toman anticonceptivos orales y fuman, el riesgo de presentar un infarto se multiplica por diez respecto a las que los toman y no fuman

- Virtualmente, todas las mujeres que tienen un infarto antes de los 55 años son fumadoras

- Los fumadores tienen dos veces más angina que los no fumadores

- El tratamiento con fármacos antianginosos es significativamente menos eficaz en el fumador

- Los pacientes que ya han presentado un infarto de miocardio tienen doble riesgo de fallecer en los próximos cuatro años por otro infarto que los que abandonan el tabaco

- No hay evidencias de que el consumo de cigarrillos bajos en nicotina reduzca el riesgo de cardiopatía isquémica. Los fumadores de puros tienen algo menos riesgo, pero aun así tienen un 25% más de complicaciones cardiovasculares que los no fumadores. En cambio, fumar en pipa apenas aumenta el riesgo en comparación con los no fumadores

Cuadro 10

A modo de ejemplo, obsérvense los índices de riesgo de infarto agudo de miocardio en individuos fumadores y no fumadores en uno de los muchos ensayos a gran escala realizados en pacientes con tal enfermedad (en este caso, el estudio llamado *ISIS*, publicado en 1995, donde se demostró el efecto favorable de la aspirina sobre la evolución del infarto) (**Figura 6**).

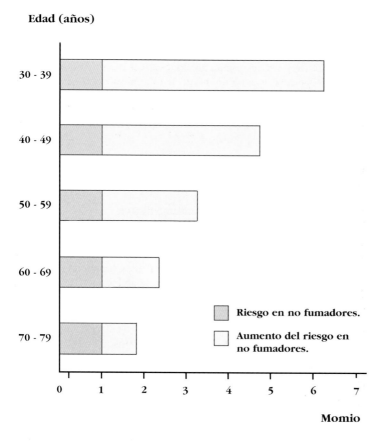

RIESGO RELATIVO DE INFARTO EN FUMADORES RESPECTO DE LOS NO FUMADORES A DISTINTAS EDADES

Edad (años)

□ Riesgo en no fumadores.

□ Aumento del riesgo en no fumadores.

Momio

Figura 6

El tabaquismo, al igual que el resto de los factores de riesgo principales, tiene un efecto independiente sobre la mortalidad y la incidencia de complicaciones coronarias, pero también **sinérgico** con todos los demás. Esto quiere decir que la presencia de dos o más de ellos supone un riesgo combinado que no es la suma de los riesgos de cada uno, sino su producto. Como ejemplo de lo dicho presentamos los datos del estudio *MRFIT*, realizado sobre más de 300.000 hombres de 35 a 57 años seguidos durante 12 años (**Cuadro 11**).

MORTALIDAD POR CARDIOPATÍA ISQUÉMICA AJUSTADA SEGÚN LA EDAD/10.000 PERSONAS-AÑO, SEGÚN LA PRESENCIA DE LOS TRES FACTORES DE RIESGO PRINCIPALES (datos del estudio MRFIT)						
Colesterol total (mg/dl)	Tabaquismo	Presión arterial sistólica (mmHg)				
		< 118	118 - 124	125 - 131	132 - 141	> 142
< 182	No	3,1	3,4	5,6	5,0	13,7
	Sí	9,8	10,4	11,9	15,9	26,2
182 - 202	No	4,3	6,0	7,9	7,9	16,7
	Sí	10,6	12,5	20,3	21,4	34,8
203 - 220	No	5,5	6,3	8,6	10,9	17,7
	Sí	14,7	17,1	21,1	28,4	43,4
212 - 244	No	5,9	9,6	8,4	12,3	22,6
	Sí	20,8	23,3	24,1	31,4	56,4
> 245	No	12,2	12,7	17,1	21,0	33,7
	Sí	25,9	30,0	35,7	42,5	62,6

Cuadro 11

Lo mismo se aprecia en el estudio Framingham, que es una población de la costa oriental estadounidense donde se llevan recogiendo datos epidemiológicos desde hace más de 50 años (**Cuadro 12**).

INTERACCIÓN DE FACTORES DE RIESGO (*Framingham Heart Study, 1995*)						
Factores de riesgo						
HDL < 35 mg/dl	No	Sí	Sí	Sí	Sí	Sí
CT > 240 mg/dl	No	No	Sí	Sí	Sí	Sí
PAS > 160 mmHG	No	No	No	Sí	Sí	Sí
Tabaquismo	No	No	No	No	Sí	Sí
Diabetes	No	No	No	No	No	Sí
Probabilidad de aparición de CI en 10 (a partir de los 45 años)						
Hombres	4	6	8	13	19	25
Mujeres	2	4	6	9	14	25

Cuadro 12

Como resumen de este apartado puede servir un esquema de los efectos multiplicativos de los tres factores -hipertensión, colesterol elevado y tabaquismo- sobre la mortalidad por complicaciones cardiovasculares (**Figura 7**).

Esquema de la acción sinérgica de los tres principales factores de riesgo cardiovascular
(modificada de *W. B. Kannel*, director del estudio *Framingham*)

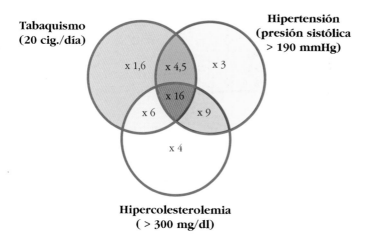

Tabaquismo
(20 cig./día)

Hipertensión
(presión sistólica
> 190 mmHg)

x 1,6   x 4,5   x 3

x 16

x 6   x 9

x 4

Hipercolesterolemia
(> 300 mg/dl)

Figura 7

El tabaco también tiene un efecto sinérgico con otros factores de riesgo "nuevos", sobre todo con la homocisteína y el fibrinógeno. La elevación de los niveles plasmáticos de **homocisteína** se acompaña de un mayor riesgo de complicaciones coronarias, riesgo que aumenta si se asocia al tabaquismo.

El tabaco también tiene un efecto sinérgico con otros factores de riesgo, sobre todo con la homocisteína y el fibrinógeno.

De igual modo, el aumento del **fibrinógeno** también supone mayor riesgo (el momio de los que tienen más de 350 mg/dl frente a los que tienen menos de 250 mg/dl es de 1,8:1). Es interesante saber que los fumadores tienen niveles de fibrinógeno en sangre notablemente más altos que los no fumadores, y se cree que el tabaco es la causa directa de ello.

Finalmente, el tabaco es especialmente dañino como factor de riesgo de infarto en los individuos que nacieron con **bajo peso**. ¿Por qué? Parece ser que los prematuros arrastran durante toda su vida un déficit de funcionamiento del endotelio de sus arterias y tienen mayor grado de resistencia insulínica, factores ambos involucrados en la génesis de la aterosclerosis.

Los que piensen que todo lo dicho afecta sólo a unos pocos y que exageramos adrede, desengáñense. Quizá les ilustre estudiar los datos de una publicación reciente sobre los factores de riesgo coronario encontrados en las revisiones ordinarias realizadas a los 4.996 trabajadores varones de una

fábrica de automóviles en España (**Figura 8**). Además, los factores de riesgo no iban solos: tenían hipertensión y además fumaban el 12%; y fumaban a pesar de tener colesterol alto el 6%. No había muchas diferencias entre los trabajadores manuales y los "ejecutivos", incluso estos últimos fumaban más (quizá por el estrés, factor en el que no entramos para no complicar más las cosas).

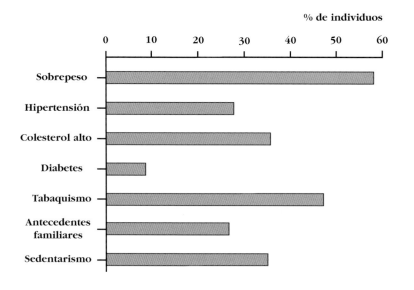

FACTORES DE RIESGO CARDIOVASCULAR EN HOMBRES
DE 47 ± 6 AÑOS
(*A. Grima y cols., 1999*)

Figura 8

Los **mecanismos** por los que el tabaco provoca aterosclerosis y complicaciones coronarias son múltiples y complejos y, dependen, sobre todo, pero no exclusivamente, del monóxido de carbono y de la nicotina (**Figura 9**). No es necesario que se comprendan todos. El objeto de traerlos aquí es mostrar que la relación tabaco-aterosclerosis es real, está bien estudiada, es estrecha y, sobre todo, peligrosa.

MECANISMOS POR LOS QUE EL TABACO
GENERA CARDIOPATÍA ISQUÉMICA

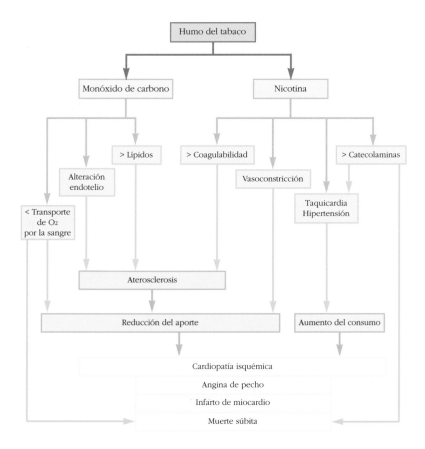

Figura 9

Salud para todos

Tabaquismo y enfermedad

No podemos acabar esta discusión sobre la relación entre el tabaco y la cardiopatía isquémica sin mencionar un hecho que los defensores del tabaco han aireado enardecidos: en la fase aguda del infarto de miocardio, los fumadores mueren menos que los no fumadores. ¿Es cierto esto? Sí, pero sólo aparentemente. En el estudio en que este hecho se puso de relieve, la mortalidad intrahospitalaria de los no fumadores fue del 12,8%, la de los ex fumadores del 8,2% y la de los fumadores del 5,4%. ¿Cómo se explica este efecto aparentemente favorable del tabaco? Las explicaciones son varias y convincentes (**Cuadro 13**). El supuesto efecto protector de haber fumado es un espejismo. Lástima.

**¿PROTEGE EL TABACO DE MORIR
SI SE TIENE UN INFARTO?**

- La mortalidad de los fumadores es menor **en** el hospital, porque un porcentaje mayor de ellos muere **antes** de llegar al hospital por arritmia primaria

- El infarto aparece en los fumadores a una edad bastante más joven que en los no fumadores, y ello contribuye a que tengan menos complicaciones intrahospitalarias

- El infarto en los fumadores, al aparecer en una fase evolutiva más temprana, aparece con lesiones coronarias menos avanzadas o incluso sin ellas (el tabaquismo es una de las causas principales del espasmo coronario, que puede provocar infartos por cierre transitorio de una arteria coronaria "sana" y cuyo pronóstico es más benigno). En cambio, los infartos en no fumadores aparecen más tarde, con lesiones ateroscleróticas coronarias más desarrolladas y con mayor prevalencia de diabetes y otras complicaciones

- Podría ser que dejar de fumar durante el ingreso (aunque sea a la fuerza durante la estancia en la Unidad Coronaria) tenga efectos favorables de tal magnitud que sean la causa de una mejor evolución

---

Cuadro 13

Accidentes cerebro-vasculares

Las formas principales de enfermedad cerebro-vascular son la insuficiencia cerebral asociada a deficiencia transitoria del flujo sanguíneo (**accidentes isquémicos transitorios**), el **infarto cerebral** por embolismo o trombosis y la **hemorragia cerebral**, incluyendo la parenquimatosa y la subaracnoidea.

Dentro de los factores de riesgo, el que más contribuye a los accidentes cerebro-vasculares es la hipertensión. El tabaco

Salud para todos

Tabaquismo y enfermedad

Dentro de los factores de riesgo, el que más contribuye a los accidentes cerebro-vasculares es la hipertensión

también contribuye, especialmente en la población joven, mientras que prácticamente no influye en su aparición más allá de los 65 años.

El tabaco sí participa claramente, en cambio, en la aparición de hemorragia subaracnoidea en mujeres. El consumo de contraceptivos aumenta marcadamente el riesgo de esta complicación en mujeres fumadoras (hasta 6 veces más que en las no fumadoras).

Vasculopatías periféricas

La aterosclerosis a que antes aludíamos también puede afectar a las arterias periféricas de dos formas: ocluyéndolas (**aterosclerosis obliterante**) o dilatándolas (**aneurismas**). La obstrucción de las arterias reduce el flujo al órgano en cuestión. Lo más frecuente es que sea en las extremidades inferiores, produciéndose un dolor al caminar que se llama **claudicación intermitente**. Si la situación progresa, acaba en gangrena y amputación. Las aneurismas pueden romperse súbitamente, complicación catastrófica y rápidamente mortal si no se interviene con urgencia.

Limitémonos en este apartado a resaltar dos hechos rotundos e indiscutibles. El primero es que el **factor de riesgo más potente** para la aterosclerosis de las arterias periféricas es fumar cigarrillos (momio muy alto, entre 6 y 8). De hecho, se conoce desde hace mucho la rareza de esta enfermedad en las personas que nunca han fumado, salvo que padezcan diabetes. El segundo, que la muerte por ruptura de aneurismas aórticas abdominales es más frecuente en pacientes que fuman que en los que no lo hacen.

Pero hay más. Imaginemos que un buen día aparece en los medios de comunicación la siguiente noticia (que presentamos "traducida" al castellano tradicional; los periodistas de hoy no escriben así) (**Cuadro 14**).

Terrible enfermedad desconocida

Jóvenes convertidos en monstruos sin brazos ni piernas

Los médicos han registrado varios casos de una enfermedad terrible que ataca a varones de 20 a 40 años de raza blanca. Aparece de forma subrepticia como una pequeña flebitis en un brazo o en una pierna. Paulatinamente, van gangrenándose los dedos de manos y pies, que los médicos han de ir amputando sucesivamente. Luego sigue progresando hasta pantorrillas y antebrazos, muslos y brazos, con lo que los pobres pacientes van perdiendo algunas o todas las extremidades y quedan inválidos.

Se sospecha que está producida por alguna sustancia tóxica procedente de alguna industria.

Cuadro 14

No son difíciles de imaginar las reacciones que se suscitarían. Veamos algunas opiniones muy verosímiles, transcritas humorísticamente en "neoespañol", como llama a esta jerga el maestro Lázaro Carreter:

Los sindicatos

"Nos reclamamos de que esa industria se cierre ¡ya!, respetando en su totalidad la laborización. Vamos a reanudar todo tipo de acciones legales para obtener nuestras reinvindicaciones, pues estamos autoconvencidos de que esa empresa asesina adolece de medidas de seguridad totalmente".

El gobierno

"Investigaremos hasta sus últimos confines este desvío de la normalidad. Insistir en que este gobierno tiene un bien merecido crédito en su afán por la salud pública y que no tiene ningún tipo de responsabilidad, pues los mecanismos de control han sido operativos de inmediato. En definitiva, añadir que priorizaremos inmediatamente un fuerte paquete de medidas, con cargo a los presupuestos del año venidero, y optimizaremos la atención de los afectados".

Salud para todos

La oposición

"Nuestro posicionamiento, en las antípodas de la pírrica explicación del gobierno, y desde nuestra histórica honestidad y el respeto absoluto a las víctimas, es culpabilizar al gobierno. Recordar que negligencias de tal calibre son tremendamente frecuentes y ponen una vez más de manifiesto la incompetencia e ilegitimización del mismo en preservar la salud de los ciudadanos y ciudadanas. Exigimos la presentación emergente del ministro del ramo frente a las Cortes".

Los "gurús" de prensa, radio y televisión

"En este artículo (programa especial) sobre este azote de dimensiones escatológicas, que viene a completarse con otros males igualmente emblemáticos como el de las vacas locas, el Sida y el alzheimer, hemos convocado a nuestros mejores articulistas (un grupo de reputados especialistas) para tratar en profundidad el tema, hipotetizar sobre sus circunstancias paliativas, objetivizar los datos y poner punto y final a la disyuntiva".

Los abogados de las asociaciones de consumidores

"Bueno, la verdad es que lo que hemos hecho ha sido que hemos mirado alante y hemos interpuesto ya desde el día después demanda en el juzgado de guardia contra los dirigentes de la empresa en cuestión, en base a la evidencia publicada, exigiéndoles indemnizaciones para la totalidad de los afectados".

Los cirujanos vasculares

"Con esta enfermedad nos enfrentamos a una singladura complicada. La práctica totalidad de los usuarios afectados por esta patología no pueden ser *baypaseados*, pues nadie quiere esponsorizar estudios randomizados de *follow up*".

Y así sucesivamente.

No hay que buscar tan lejos. Esta enfermedad existe, se llama **tromboangeítis obliterante** o enfermedad de Buerger, es tal y como se ha descrito y se da casi exclusivamente en fumadores severos. En España hay unos 5.000 pacientes que la padecen. Si los afectados dejan de fumar radicalmente, puede detenerse la progresión hacia la pérdida de alguna extremidad; si no lo hacen, la progresión es ineluctable. ¿Alguien ha oído, visto o leído alguna vez algo de lo escrito más arriba? ¿Cuántas líneas se han dedicado a las "vacas locas" (o "toros con bolso", como diría un gracioso) inglesas, enfermedad que ha matado en España a una persona (dudosamente) o al terrorismo, que ha causado 23 víctimas mortales en todo el año 2000, y cuántas a la enfermedad de Buerger? No sigamos por esta línea para no suscitar polémicas estériles, pero quede constancia del distinto trato propagandístico que se da a las situaciones que "son noticia" frente a las que no lo son, con independencia de su diferente trascendencia cuantitativa.

Cáncer

No pretende este libro convertirse en un catálogo de horrores. Nadie ignora lo ominoso del pronóstico de muchos cánceres y lo penoso de su tratamiento.

También se sabe de sobra, aunque se olvida o se oculta a menudo, que el tabaco es un carcinógeno (productor de cáncer) de primer orden. Su relación con muchos tipos de cáncer está bien establecida (**Cuadro 15**). Se dice que está implicado en la génesis de más del 30% de todos los casos de cáncer diag-

La muerte por cáncer, en conjunto, es dos veces superior en fumadores que en los no fumadores, tanto en hombres como en mujeres.

nosticados. La muerte por cáncer, en conjunto, es dos veces superior en fumadores que en los no fumadores, tanto en hombres como en mujeres. Si el consumo es superior a 20 cigarrillos/día, esta tasa es del triple.

Salud para todos

Tabaquismo y enfermedad

NEOPLASIAS EN LAS QUE EL TABACO DESEMPEÑA UN CLARO PAPEL ETIOLÓGICO		
Localización	**Incidencia** (momio de fumadores > 20 cig./día frente a no fumadores)	**Mortalidad** (Momio)
Pulmón	30/1 [1]	10
Laringe	20/1 [2,3]	6
Cavidad bucal	13/1 [2,3]	6
Esófago	11/1 [2,3]	5
Vías urinarias	4/1 [4]	2,5
Páncreas	2/1 [3]	2
Colorrectal	2/1 [4]	2
Leucemias	1,5/1 [4]	2

[1] Los cigarrillos con filtro reducen algo la incidencia, pero el riesgo sigue siendo considerablemente superior a los no fumadores. Los de bajo contenido en nicotina y alquitrán aumentan el riesgo de adenocarcinoma, quizá porque se inhalan más profundamente. Lo mismo sucede con los cigarrillos mentolados.
[2] Los fumadores de pipa o puros tienen incidencia similar.
[3] Efecto sinérgico con el consumo de alcohol.
[4] Sobre todo en hombres.

Cuadro 15

Los **mecanismos** del efecto cancerígeno del tabaco son complejos. Como ya se dijo, se acepta que los alquitranes y las nitrosaminas del humo son las sustancias con mayor poder de transformar las células sanas en malignas. Las teorías sobre cómo se ejercería este efecto son diversas, aunque en aras de la simplicidad podrían resumirse en tres. La **irritación** crónica de las mucosas, sobre todo de las vías respiratorias por donde pasa el humo y de las vías urinarias por donde se eliminan algunas sustancias, provocaría mutaciones de las células.

La **regeneración** constante de las células de revestimiento, sometidas a una mayor destrucción por el efecto constante del humo, haría que pudieran generarse células malignas en algún momento de este ciclo continuo destrucción-regeneración.

Finalmente, el propio efecto **químico** de las sustancias presentes en el humo del tabaco podría alterar el proceso natural de desarrollo de las células en contacto con los carcinógenos. En cualquier caso, ahí queda el tabaco como potente carcinógeno, del mismo orden que otros compuestos químicos conocidos (amianto, hulla, sustancias radiactivas) y acerca de los cuales hay regulaciones estrictas sobre la exposición a ellos y enérgicas medidas preventivas.

Otro apunte sobre un pretendido efecto positivo del tabaco. Hay algunos estudios, sin comprobación definitiva, en los que parece que fumar reduce la incidencia de cáncer de mama en las mujeres que tienen determinadas mutaciones genéticas. Veremos, pero desde luego no debería usarse esta información en sentido literal, pues es mucho peor el cáncer de pulmón que casi seguro vendrá que el de mama (que quizá no venga).

Broncopatía crónica obstructiva

En esta categoría se incluyen diversos conceptos relacionados entre sí: bronquitis crónica, enfisema pulmonar, enfermedad pulmonar obstructiva crónica, *cor pulmonale* crónico. Todos ellos son diversos modos evolutivos de un mismo proceso, el deterioro de las mucosas que tapizan el árbol respiratorio por la continua agresión del humo que las atraviesa. Las consecuencias sobre la función pulmonar de la exposición crónica al humo del tabaco son varias y demoledoras (**Figura 10**).

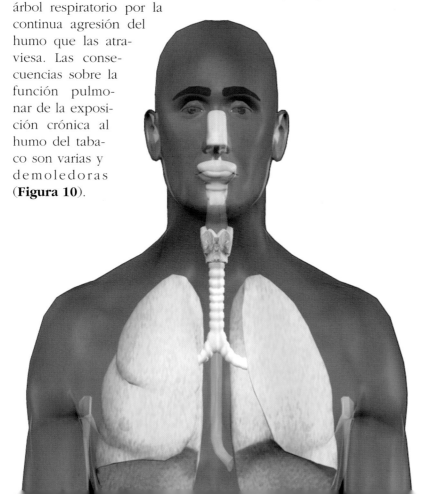

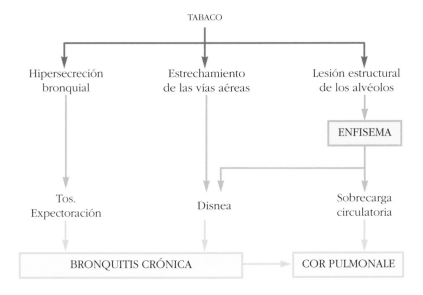

CONSECUENCIAS DEL TABACO
SOBRE LA FUNCIÓN PULMONAR

TABACO

Hipersecreción bronquial · Estrechamiento de las vías aéreas · Lesión estructural de los alvéolos

ENFISEMA

Tos. Expectoración · Disnea · Sobrecarga circulatoria

BRONQUITIS CRÓNICA · COR PULMONALE

Figura 10

Esta descripción fría no refleja en realidad lo dramático de la situación del fumador que ha llegado a la fase de **enfisema**, que sufre de disnea (ahogo) ante mínimos esfuerzos o en reposo, agarra resfriados y neumonías sucesiva e incesantemente, precisa de oxígeno continuo para obtener un leve alivio y al final cae en un cuadro de insuficiencia cardíaca derecha que lo acaba matando, pero lenta y penosísimamente. ¿Que son pocos los que llegan a esto? Una de cada cinco personas que fumen 20 cigarrillos/día durante más de 25 años.

El deterioro de las mucosas que tapizan el árbol respiratorio por la continua agresión del humo acaba en el enfisema.

Algunas cifras para ilustrar lo dicho (**Cuadro 16**).

**TABACO Y ENFERMEDAD PULMONAR
OBSTRUCTIVA CRÓNICA**

- El 80% de las bronquitis crónicas se deben al tabaco y sólo el 20% a otros factores, como la polución o las enfermedades profesionales.

- La mortalidad por enfermedad pulmonar obstructiva crónica es de 30 por 1.000 habitantes, el doble que por cáncer de pulmón.

- Uno de cada tres fumadores tiene bronquitis crónica.

Cuadro 16

El tabaco produce enfisema por sí sólo y también acelerando y agravando el que sufren algunas personas predispuestas (los que tienen un déficit congénito de una sustancia llamada alfa$_1$-antitripsina). Hay una relación muy directa, como ya se dijo, entre la cantidad de cigarrillos fumados y la aparición de enfisema. Los bajos en nicotina y alquitrán reducen poco el riesgo en este caso. Se ha dicho también que los ex-fumadores que vuelven a fumar tienen daños pulmonares más intensos que los que nunca intentaron dejar de fumar.

Finalmente, conviene saber que no todos los individuos son susceptibles por igual a los efectos dañinos del tabaco sobre las vías aéreas. Esto se conoce desde 1976 a raíz de los trabajos de un grupo de médicos de Oxford encabezados por C. Fletcher. En el clásico "diagrama de Fletcher" sobre el declive de la función pulmonar se ve que hay dos grupos de fumadores, los "**susceptibles**" y los "**no susceptibles**" (**Figura 11**). Aún no se ha descubierto cómo distinguir con antelación unos de otros.

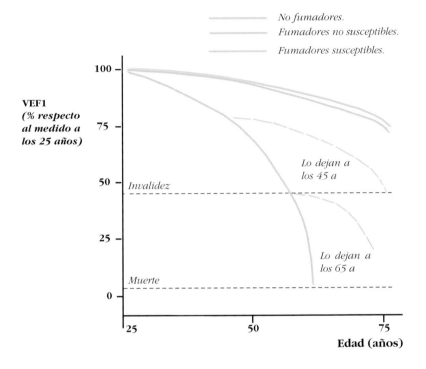

Diagrama de Fletcher de los efectos del tabaco sobre el flujo de las vías aéreas

(volumen espiratorio forzado en un segundo - VEF1)

No fumadores.

Fumadores no susceptibles.

Fumadores susceptibles.

VEF1 (% respecto al medido a los 25 años)

100

75

50 — Invalidez

Lo dejan a los 45 a

25

Lo dejan a los 65 a

Muerte

0

25   50   75

Edad (años)

Figura 11

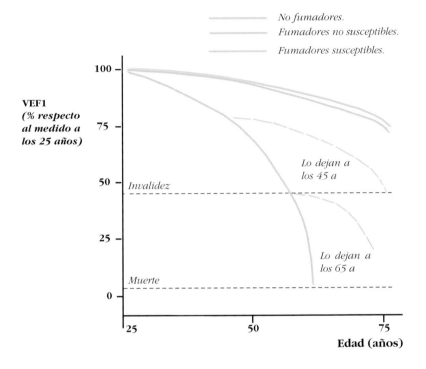

También se relaciona claramente al tabaco con el **síndrome de la apnea del sueño**. Aunque la discusión de este asunto nos llevaría demasiado lejos, baste decir que se le han achacado múltiples enfermedades debidas a la falta de descanso (como hipertensión o infarto, otros problemas sociales, accidentes, suicidios o violencia doméstica).

Patología degenerativa cerebral

Los fumadores de más de 20 cigarrillos diarios presentan un deterioro más rápido de sus funciones cerebrales que los no fumadores. Este hecho se ha observado en ambos sexos.

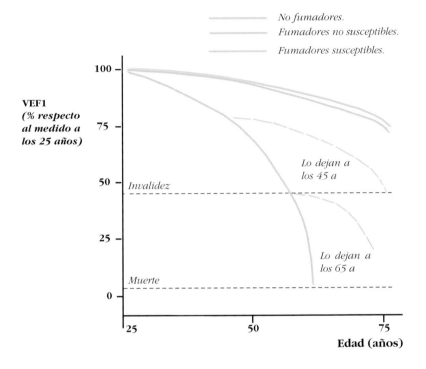

50

Salud para todos

Tabaquismo y enfermedad

Aunque ha llegado a afirmarse que sí, fumar no previene la **enfermedad de Alzheimer**. Al contrario: el momio de los fumadores es de 2 a 1 y el de los ex fumadores de 1,5 a 1 frente a los no fumadores.

¿Qué hay de la **enfermedad de Parkinson**? En algunos estudios experimentales se ha encontrado que el humo del cigarrillo inhibe la monoaminooxidasa, enzima que degrada la dopamina (entre otras catecolaminas), por lo que reduciría los síntomas de parkinsonismo que se deben a la escasez de dopamina en determinados centros cerebrales. Se ha pretendido correlacionar este hallazgo con los de ciertos estudios poblacionales en los que se vio que había menor proporción de no fumadores que de fumadores en los enfermos de Parkinson. No aconsejamos fumar para no tener enfermedad de Parkinson. El fumador no tendrá Parkinson porque no llegará a la edad en que esta enfermedad se desarrolla; habrá muerto antes de alguna complicación del tabaco.

> **El fumador no tendrá Parkinson porque no llegará a la edad en que esta enfermedad se desarrolla.**

Gastritis y úlcera péptica

La gastritis y la úlcera de estómago y duodeno, así como sus dos complicaciones principales, la perforación y la hemorragia, están claramente relacionadas también con el tabaco. Los momios de mortalidad comparativos con los no fumadores son 1,8 para hombres y 2,2 para mujeres. Los fumadores también son más susceptibles a las recaídas: la mitad de los que dejan de fumar y la totalidad de los que no lo hacen recaen con úlcera al año de haber cicatrizado la misma.

El mecanismo es el efecto inhibidor que tiene la nicotina sobre la síntesis de bicarbonato y prostaglandinas, sustancias que neutralizan el ácido que se produce en el estómago. Al no tener este freno, el ácido aumenta y provoca la irritación de la mucosa del estómago y la úlcera.

Hipertensión arterial

La relación entre la hipertensión y el tabaco es múltiple, pues ambos son factores de riesgo de aterosclerosis, como antes se dijo. No insistiremos más. Aparte de observaciones anecdóticas sobre el papel favorecedor del tabaco en la aparición de hipertensión (se ha involucrado al cadmio, que el tabaco -cómo no- también contiene), interesa resaltar su si-

Salud para todos

Tabaquismo y enfermedad

nergia fisiopatológica y terapéutica. Sólo diremos que el tratamiento de la hipertensión con fármacos en fumadores es más difícil, pues varios de los grupos de medicamentos utilizados para bajar la tensión arterial son menos eficaces si se asocian al tabaco. De hecho, el tabaco es una de las causas de la hipertensión maligna o de difícil control (momio de 5).

Problemas con el embarazo

La mujer que fuma durante el embarazo no sólo arriesga su propia salud, sino que pone en peligro también la salud de su hijo durante la vida intrauterina.

El tabaquismo materno es causa de importantes problemas. El primero es la **reducción del peso** del feto al nacer. Está comprobado que los hijos de madres fumadoras pesan al nacer, en promedio, 200 g menos que los hijos de madres que no fumaron durante el embarazo. Esta mengua es más acusada si la madre abusa también del café. La causa de ello parece ser la menor disponibilidad de oxígeno en la placenta, por la reducción del flujo sanguíneo a la misma por la acción vascular de la nicotina y por el efecto del monóxido de carbono sobre la hemoglobina.

También se ha demostrado asociación estadística entre el consumo de tabaco durante el embarazo y las tasas de **aborto espontáneo**, con un momio en fumadoras respecto a las no fumadoras de 1,4/1. La causa esgrimida es la disminución por el tabaco de los niveles de folato, vitamina importante

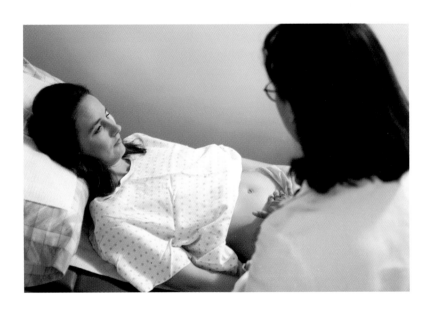

para prevenir defectos de desarrollo en el feto. Lo mismo sucede con diversas **complicaciones durante el parto** (**Cuadro 17**). El riesgo es más alto en las mujeres que comenzaron a fumar antes de los 18 años.

COMPLICACIONES DEL PARTO (POR CADA MIL NACIMIENTOS) EN RELACIÓN CON EL TABAQUISMO MATERNO			
Complicación	**Consumo (cigarrillos/día)**		
	NO	< 20	> 20
Desprendimiento prematuro de placenta	16	21	28
Placenta previa	6	8	13
Rotura precoz de membranas	16	23	36
Hemorragia intensa	116	142	180

Cuadro 17

El tabaquismo materno aumenta de forma importante el riesgo de **muerte perinatal** del hijo. Este exceso de riesgo depende también de otros factores de riesgo perinatal. Así, por ejemplo, las madres con buen estado de salud que fuman menos de 20 cigarrillos al día presentan un incremento del 10% del riesgo de mortalidad del fruto; en el extremo contrario, en las madres con un estado de salud no muy bueno y que fuman más de 20 cigarrillos al día el incremento de la mortalidad fetal es del 70%.

Ojo, las madres que fuman y amamantan administran a sus hijos con la **leche** productos del tabaco dañinos. También se ha dicho que los hijos de madres fumadoras tienen mayor incidencia de **diversos problemas** locomotores, sociales y escolares. Se desconoce si este efecto es directo o hay más razones.

Incidentalmente, diremos para concluir que, aunque hay algunos atisbos, no se ha demostrado de forma concluyente que el tabaco provoque **infertilidad** en los hombres.

Salud para todos

Tabaquismo y enfermedad

Problemas visuales

La incidencia de **cataratas** en los fumadores es del doble que en los no fumadores. Éstos, sobre todo los varones, están expuestos a padecer una grave, aunque rara, degeneración de la mácula que provoca ceguera (la llamada **ambliopía tabáquica**).

Osteoporosis

Las mujeres que han fumado antes y siguen haciéndolo tras la menopausia tienen más probabilidad (un 50% más) de padecer **fracturas** de cadera o aplastamiento vertebral, manifestaciones ambas del empobrecimiento en calcio de los huesos que caracteriza esta enfermedad.

Otros problemas "leves"

Sería larguísima la lista de "pequeños" achaques que los fumadores padecen en mayor medida o con mayor precocidad que los no fumadores. Limitémonos a señalar algunos.

> **Sería larguísima la lista de "pequeños" achaques que los fumadores padecen en mayor medida o con mayor precocidad que los no fumadores.**

Los fumadores padecen una pérdida sutil de la **capacidad funcional**. Muchos no son conscientes de ella hasta que experimentan retrospectivamente su mejoría cuando abandonan el vicio. Otros la ocultan o minoran. Palpitaciones, taquicardia ante el esfuerzo más liviano, menor capacidad de ejercicio, mayor dificultad para conciliar el sueño, más irritabilidad, capacidad de concentración más baja y menos duradera y muchas otras manifestaciones similares se incluyen en esta pérdida. La respuesta o consciencia ante estos síntomas es variable individualmente, pero no cabe duda de que están presentes.

Otros signos de tipo "**estético**" también pueden incomodar al fumador o a los que le rodean. La piel, el pelo o la boca son zonas donde se aprecian las huellas del vicio del fumador. Hay autores incluso que hablan de "facies tabáquica" (**Cuadro 18**).

SIGNOS "MENORES" EN EL FUMADOR		
Categoría	Síntomas	Momio respecto a no fumadores
Boca	Halitosis	Desconocido, pero amplio
	Parodontopatía ("piorrea")	3 a 1
	Coloración dental	Desconocido, pero amplio
	Gingivitis	2,5 a 1
	Disgeusia (pérdida del gusto)	Desconocido, pero amplio
Génito-urinario	Incontinencia	2 a 1 (sólo en mujeres)
	Impotencia	2 a 1 (hombres)
Piel	Arrugas	5 a 1 (considerando las "normales" para la edad)
	Alopecia	1,7 a 1 (sólo en hombres)

Cuadro 18

No es tan fácil de ver desde fuera, pero también es claro el efecto del tabaco sobre la **disfunción eréctil** en el hombre. Se ha visto que un solo pitillo disminuye agudamente la presión intracavernosa. Crónicamente, el tabaquismo acelera el declinar de la función eréctil con la edad, tanto por deteriorar más rápidamente el árbol vascular como por la vasoconstricción producida por la nicotina.

Una mención final a la **colitis ulcerosa**, la tercera de las enfermedades que supuestamente el tabaco favorece. Se ha visto en estudios estadísticos (aunque la fiabilidad de los mismos no es absoluta al tratarse de una enfermedad rara) que el primer brote de colitis ulcerosa es más frecuente en individuos que acaban de dejar de fumar y que, en todo caso, esta enfermedad se da más en ex fumadores. No parece ético, de todas formas, aconsejar a estos pacientes que vuelvan a fumar basándonos en esta evidencia tan endeble, ni mucho menos utilizar la nicotina como tratamiento como se intentó hace algunos años.

Problemas sociales

Aparte de la dependencia y del tabaquismo pasivo, a los que dedicaremos apartados especiales más adelante, mencionaremos brevemente en éste algunos problemas laborales, sanitarios y sociales -en el sentido amplio del término- que causa el tabaquismo.

Comencemos por la **intolerancia**. Justo es reconocer que ha habido bastante en las relaciones entre fumadores y no fumadores. Ambos "bandos" han caído en ella, aunque no por igual. Malo es que haya no fumadores militantes y energúmenos que aíslen, menosprecien o ataquen a los fumadores, muchos de los cuales lo son a su pesar. Quizá peor es que bastantes fumadores maleducados olviden (muchos por descuido, unos pocos a propósito) ciertas normas de cortesía elemental y fumen en sitios tan inadecuados como ascensores u hospitales o encima de los alimentos expuestos en las tiendas de alimentación. En fin, no sigamos por la vía de las reivindicaciones mutuas; apostemos por la concordia. Ésta pasa porque el no fumador reconozca el derecho del fumador a seguir con su vicio, y porque el fumador tenga claro que su vicio es estrictamente privado y debe hacer lo posible para que no tengan que sufrirlo quienes puedan molestarse.

En las relaciones entre fumadores y no fumadores ha habido bastante intolerancia por ambos bandos.

En otro orden de cosas, citemos algunos datos numéricos que darán idea de las **repercusiones socioeconómicas** del tabaquismo. Éstas son de tres tipos: pérdida de productividad, aumento de las demandas médico-sanitarias y siniestralidad (**Cuadro 19**).

> **REPERCUSIONES LABORALES Y ECONÓMICAS DEL TABACO**
>
> - Los trabajadores que fuman más de 20 cigarrillos al día tienen tres veces más bajas laborales que los que no fuman
>
> - El absentismo laboral es un 42% mayor en los fumadores que en los no fumadores
>
> - Los hombres y mujeres fumadores pasan por término medio un 15% más días enfermos en la cama que los que no fuman
>
> - Los ingresos en el hospital, las visitas médicas y la atención ambulatoria son más frecuentes (71%, 47% y 33%, respectivamente) en la población fumadora en comparación con la no fumadora

Cuadro 19

El cigarrillo influye sobre los **accidentes de tráfico** de dos modos. Uno es la distracción del conductor en las maniobras de prender el mechero, sacar el pitillo del paquete, llevárselo a la boca, encenderlo, abrir el cenicero o la ventanilla, soltar una mano con cada "calada", etcétera. El otro es la deprivación de oxígeno del habitáculo si no se ventila, que reduce la velocidad de reacción del conductor.

No entraremos en la discusión del **costo** del tabaquismo. Limitémonos a citar a la Organización Mundial de la Salud: "Los beneficios económicos de la producción de tabaco suelen ser menores y menos seguros de lo que comúnmente se advierte, pues el consumo de tabaco siempre entraña efectos adversos para la salud y pérdida de productividad económica, por absentismo e incapacidad a causa de enfermedades relacionadas con el tabaquismo, que no pueden compensarse mediante los ingresos por concepto del tabaco" (**Cuadro 20**). Un cálculo de lo que cuesta un fumador (un hombre de 45 años que fume 40 cigarrillos al día) al Estado: alrededor de 60.000 euros al año. Los gastos por culpa del tabaco son claramente superiores a los causados por el cáncer.

Un hombre de 45 años que fume 40 cigarrillos al día cuesta al Estado alrededor de 60.000 euros al año.

"BALANCE" ECONÓMICO DEL TABAQUISMO EN ESPAÑA (cálculos en pesetas de 1991)	
"Ingresos"	Gastos
Tabacalera: 234.000 millones	500.000 millones
Impuestos: 207.000 millones	

Cuadro 20

Dependencia

La Organización Mundial de la Salud y la American Psychiatric Association han incluido al tabaco dentro de la categoría de drogas capaces de crear una fuerte dependencia, tanto psicológica como farmacológica. Es decir, "el hábito tabáquico es una verdadera drogodependencia", y como tal se clasifica como trastorno "psiquiátrico". Para el diagnóstico del mismo se han fijado diversos criterios (**Cuadro 21**).

Cuadro 21

Las causas de esta adicción son varias (sociales, psicológicas, conductuales y farmacológicas). De todas ellas, la más importante es de tipo farmacológico y se debe a la **nicotina**. Este alcaloide posee una capacidad adictiva de magnitud igual o superior a la heroína o a la cocaína, aunque sus efectos sobre la consciencia o la producción de euforia no sean comparables. Pero sí lo son el mecanismo de su efecto farmacológico y los procesos conductuales que determinan la adicción.

La nicotina actúa sobre diversos receptores cerebrales. Aquí nos interesa el estímulo del **sistema dopaminérgico mesolímbico**, lugar donde se regulan las conductas de supervivencia (comer, beber, instinto sexual). Al estimular este lugar se generan sensaciones placenteras (que pueden incluso desplazar a las anteriores). Recordemos que la nicotina alcanza el cerebro a los ocho segundos, casi más rápido que por vía intravenosa.

Por lo tanto, al desaparecer el efecto estimulante de la nicotina, el fumador sufre molestias (**síndrome de abstinencia**), que le llevan a fumar de nuevo para evitarlas. En el capítulo final las trataremos con más detalle.

Todos los fumadores habituales tienen cierto grado de dependencia, mayor o menor, más o menos aparente. Los cigarrillos "bajos en nicotina" no ayudan a reducir la dependencia; al contrario, el fumador precisa de mayor número para mantener los niveles de nicotina en sangre y, por ello, hacen más difícil la solución del problema.

Salud para todos

Tabaquismo y enfermedad

Para saber el grado de dependencia (sobre todo con vistas a los tratamientos que veremos posteriormente), se ha desarrollado un test de dependencia a la nicotina (**Cuadro 22**).

TEST DE DEPENDENCIA A LA NICOTINA (K-O. Fagerström, modificado)		
Pregunta	**Respuestas**	**Puntos adjudicados**
¿Cuántos cigarrillos fuma al día?	Más de 30	3
	21 - 30	2
	11 - 20	1
	Menos de 11	0
¿Cuánto tiempo tarda en fumar el primer cigarrillo desde que se levanta?	Menos de 5 min.	3
	6 - 30 min.	2
	31 - 60 min.	1
	Más de 60 min.	0
¿Fuma más por las mañanas que durante el resto del día?	Sí	1
	No	0
¿Le resulta difícil no fumar en lugares donde está prohibido?	Sí	1
	No	0
¿Ha fumado estando enfermo?	Sí	1
	No	0
¿Qué cigarrillo le produce más placer?	El primero	1
	Otros	0

Grado de dependencia: **Alta =** 8 ó más puntos.

Moderada = de 4 a 7 puntos.

Ligera = 3 puntos o menos.

Cuadro 22

El fumador pasivo

"Fumador pasivo es todo individuo que, no siendo fumador, inhala involuntariamente el humo que producen otros fumadores a su alrededor".

Se trata de un problema al que se le está dedicando mucha atención últimamente. Como en todo, ha habido quienes han minimizado el problema y quienes lo han exagerado histéricamente. Intentaremos centrar el asunto en sus justos términos.

"Fumador pasivo es todo individuo que, no siendo fumador, inhala involuntariamente el humo que producen otros fumadores a su alrededor".

La importancia del tabaquismo pasivo se debe a dos hechos. El primero, a que el humo del tabaco que inhala un fumador pasivo procede de la **corriente secundaria**, que ya señalamos en el capítulo anterior que es tan tóxica o más que la principal, la cual se traga el fumador activo él solito (por ejemplo, la concentración de nicotina y alquitrán es tres veces mayor, y la de monóxido de carbono cinco veces mayor que en la principal). Si el ambiente está muy cargado, el fumador pasivo carga con todos esos venenos sin quererlo.

La segunda razón es que el fumador pasivo puede estar expuesto al humo del tabaco durante períodos prolongados de tiempo (cada jornada laboral, todos los días en casa, un

viaje largo). Así, por ejemplo, dependiendo de la densidad del humo y de la ventilación, cada hora que se respira en un ambiente infecto de humo equivale a fumar tres cigarrillos.

El humo que "traga" el fumador pasivo sin quererlo procede habitualmente de tres fuentes: la madre (para el feto que está gestando), los compañeros de trabajo y los familiares (cónyuge o padres) que conviven en el domicilio. Los efectos del tabaco sobre el embarazo ya se han expuesto en un apartado anterior. Centrémonos, pues, en los otros dos (**Figura 12**).

TABAQUISMO PASIVO

Fumador pasivo

Figura 12

El tabaquismo pasivo en el **trabajo** es frecuente: el 21% de los no fumadores declararon estar al menos una hora al día respirando el humo de sus compañeros de trabajo y el 9% lo hacían más de 4 horas al día, según una encuesta realizada por el Departamento de Sanidad del Gobierno Autónomo de Cataluña. Se ha visto que estas personas tienen más síntomas respiratorios y, en algunos estudios, también mayor incidencia de enfisema y de cáncer.

También es importante, aunque menos estudiado, el tabaquismo pasivo en el **domicilio**. Se ha llegado a calcular (en un estudio realizado en la ciudad de Burgos) que en el 75% de los hogares españoles hay fumadores y, por lo tanto, fumadores pasivos. También hay un estudio en mujeres japonesas en el que se encontró que las esposas de fumadores tenían una incidencia de cáncer de pulmón de casi el doble que las esposas de no fumadores (15,5 frente a 8,7 por cada 100.000). En otras series se han encontrado aumentos significativos de las infecciones respiratorias en jóvenes (9 a 19 años), hijos de padres fumadores, en relación con los hijos de padres no fumadores.

Se ha llegado a calcular que en el 75% de los hogares españoles hay fumadores y, por lo tanto, fumadores pasivos.

En conjunto puede afirmarse que el tabaquismo pasivo, aunque no tan dramático como se ha pintado, sí aumenta la incidencia de complicaciones, tanto de cáncer como de cardiopatía isquémica (**Cuadro 23**).

EFECTOS DEL TABAQUISMO PASIVO SOBRE LA INCIDENCIA DE CARDIOPATÍA ISQUÉMICA (*Kawachi y cols., 1997*)		
Manifestación	**Momio frente al no expuesto**	
	Tabaquismo pasivo ocasional	**Tabaquismo pasivo habitual**
Infarto no letal	1,8	2,6
Muerte por cardiopatía isquémica	1,5	2,6
Total de la cardiopatía isquémica	1,6	1,9

Cuadro 23

Finalmente, mencionemos el notable volumen de trabajos que han relacionado el tabaquismo de los padres con el síndrome de la **muerte súbita del lactante** (serio asunto en verdad), con el asma infantil y con la mayor frecuencia de meningitis y otras enfermedades estroptocócicas en escolares.

Problemas ambientales

No es fácil recoger datos fiables al respecto, pero parece ser que numerosos **incendios** -algunos pavorosos en términos de vidas humanas- se deben al descuido de algún fumador irresponsable (**Cuadro 24**).

INCENDIOS DEBIDOS AL TABACO (cálculos del parque de bomberos de París)	
Lugar	Porcentaje debido a cigarrillos y colillas
Oficinas y viviendas	17
Locales públicos	12
Forestales	28

Cuadro 24

Por lo mismo, el volumen contaminante de los cigarrillos es difícil de calcular, pero no sólo en cuanto al humo. En ambientes ventilados, se disipa y la atmósfera tiene recursos para eliminarlo. En **ambientes cerrados**, en cambio, hay personas que son más susceptibles que otras al picor de ojos y garganta que produce el humo. A casi nadie le gusta que su ropa apeste cuando vuelve de una reunión social con fumadores, o de alternar en cualquier lugar público (donde, invariablemente, se ven por doquier esos "circulitos" con borde negruzco). Y, desde luego, nadie perdonará fácilmente que un fumador poco cuidadoso le agujeree su pantalón nuevo o le queme parte del cuerpo.

Pero, además, ¿somos conscientes de que el filtro de los cigarrillos no es biodegradable? O sea, que allí donde cae (y no son los fumadores todo lo respetuosos que debieran ser a este respecto), allá que se queda. ¿Qué densidad de filtros por metro cuadrado hay en la arena de las playas? Da la impresión de que bastante.

Una epidemia absurda

Calificar el tabaquismo de epidemia no es exagerado, si tenemos en cuenta todos los males presentados en el capítulo anterior. La Organización Mundial de la Salud ha calculado que en el mundo están muriendo cada año cuatro millones de personas por causa directa del tabaco (**Cuadro 25**).

MUERTES DEBIDAS AL TABACO *(estudios de R. Peto y cols.)*		
Año	**Países**	
	Desarrollados	**En vías de desarrollo**
1995	2 millones	1 millón
Previsto 2025	3 millones	7 millones

Cuadro 25

El calificativo de absurda le cuadra también porque, conociendo lo anterior, la producción de tabaco apenas ha disminuido y sigue amparada por estados, gobiernos, multinacionales y jerarcas. Presentamos el "cuadro de honor" de productores de tabaco (**Cuadro 26**).

PAÍSES PRODUCTORES DE TABACO (cifras de 1998)	
País	**Producción anual de tabaco (miles de toneladas)**
China	2.524
Estados Unidos	736
India	635
Brasil	443
Turquía	267
...	...
España	43
Total mundial	**7.067**

Cuadro 26

Para no insistir en un asunto que, aparte de ser bien conocido, no tiene interés especial para el individuo concreto
(aunque sí, y mucho, para gobiernos y "planificadores" sanitarios), limitaremos la discusión a unos pocos apartados: el
tabaquismo en España y su comparación con otros países,
las tendencias que esta epidemia ha venido experimentando
en los últimos años y, para concluir, una breve mención al
tabaquismo en las profesiones sanitarias.

Tabaquismo en España

Si hacemos referencia al año 1997 (datos de la Encuesta Nacional de Salud), podemos decir que en España fuma el
35,7% de sus pobladores mayores de 16 años, el 45% de
hombres y el 27% de mujeres. Ello equivale a decir que en
España hay unos 13 millones de
fumadores (**Cuadro 27**).

Por regiones, las comunidades
más fumadoras son: Cantabria
(42%), Murcia (40%), País Vasco
(39%) y Navarra (38%); las menos, Castilla la Mancha (32%) y
Aragón (34%).

**En España fuma el 35,7%
de sus pobladores mayo-
res de 16 años, de los que
el 45% son hombres y el
27% mujeres.**

El consumo medio es de 16,8
cigarrillos/día. Sólo el 3% de los que confiesan que fuman lo
hacen de forma esporádica, mientras que el 80% lo hace a
diario. Casi todos los fumadores consumen cigarrillos; son
muy pocos (el 4%) los que fuman puros o pipa. El 20% de
los fumadores consumen más de 20 cigarrillos/día.

DISTRIBUCIÓN DEL HÁBITO TABÁQUICO EN ESPAÑA	
Situación	**Porcentaje redondeado (mayores de 16 años)**
No fuman:	64
- Nunca fumaron	49
- Lo han dejado	15
Fuman	36

Cuadro 27

La máxima prevalencia de fumadores se da en varones entre los 25 y 34 años, mientras que en las mujeres es en el grupo de 16 a 24 años (**Figura 13**). No hay diferencias relevantes según la situación socio-económica en hombres, mientras que en el grupo de las mujeres tienden a fumar más las de clase social media-alta y alta.

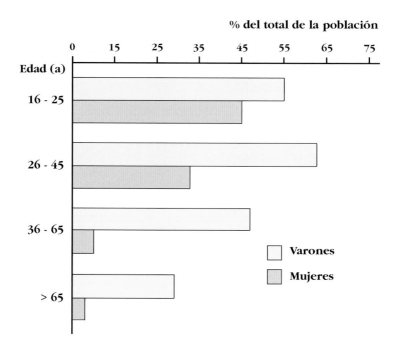

DISTRIBUCIÓN DE FUMADORES EN ESPAÑA

Figura 13

En comparación con el resto del mundo, España ocupa el vigesimoséptimo lugar en la liga de fumadores en cuanto a consumo *per capita*, y el duodécimo en cuanto a ventas. El país que está a la cabeza es Corea (68% de los hombres y 7% de las mujeres).

Peor es el dato recogido en el estudio Cardiotens 99, en el que se recogieron los datos médicos de más de 32.000 pacientes que visitaron un día concreto a sus médicos de atención primaria o cardiólogos. De los 6.194 pacientes que lo hicieron por enfermedad cardiovascular, el 20% continuaban fumando (el 24% de los que acudían al cardiólogo y el 10% de los que acudían al médico de atención primaria). Desalentador.

Tendencias

Hay cierta tendencia a la disminución del porcentaje de fumadores en los países desarrollados y a su aumento en los que están "en vías de desarrollo". Ya lo vimos al principio de este capítulo. España ha entrado en el primer grupo, en lo que al tabaco se refiere, desde 1987. A partir de este año, el porcentaje de ciudadanos fumadores se redujo desde el 38,1% al 35,7% que había en el año 1997 (**Figura 14**). Esta reducción se debe a los hombres, puesto que el porcentaje de mujeres fumadoras sigue aumentando.

69

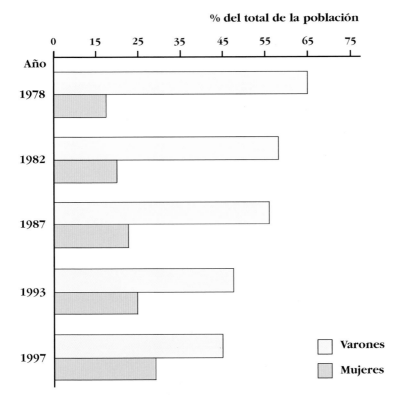

Figura 14

Compárese esta cifra con un país como Rumanía, en el que ha aumentado el consumo de tabaco (**Figura 15**).

TENDENCIA DEL TABAQUISMO EN RUMANÍA
(*Estudio Monica, 1999*)

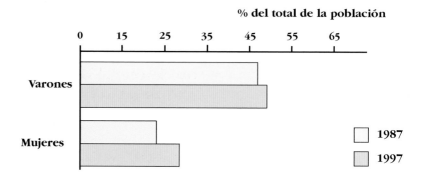

Figura 15

La evolución de los fallecimientos por causa del tabaco, en cambio, es claramente ascendente (**Figura 16**).

MUERTES CAUSADAS POR EL TABACO EN ESPAÑA

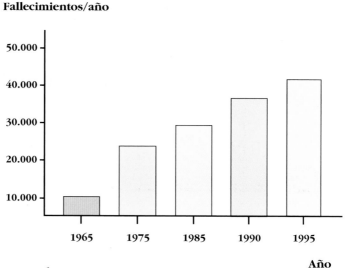

Figura 16

Tabaquismo en las profesiones sanitarias

Un médico inglés llamado Austin B. Hill emprendió en 1940 un estudio del cáncer de pulmón en los médicos y llegó a la conclusión de que era extraordinariamente raro en no fumadores. Tras la publicación de este resultado, y conscientes del ejemplo que darían a la sociedad, los médicos ingleses dejaron corporativamente de fumar: del 43% que fumaban en 1951, pasaron al 12% en 1975. Los estadounidenses hicieron lo mismo a raíz del citadísimo informe de 1964 del *Surgeon General* (equivalente al Ministro de Sanidad) en el que se pusieron de manifiesto los efectos dañinos del tabaco para la salud: pasaron del 60% de médicos fumadores en 1945, al 17% en 1975 y al 10% en 1980.

Tras la publicación del estudio del doctor Austin B. Hill sobre el cáncer de pulmón, el número de médicos ingleses fumadores descendió del 43% al 12% en un periodo de 24 años.

Esto viene a cuento porque el ejemplo es muy importante. El que los pacientes puedan aducir cualquier disculpa, pero no ésta: "No será tan malo si los médicos y enfermeras fuman", ya es importante. La situación en España a este respecto es aceptable para el caso de los hombres y pésima en el sexo femenino (**Cuadro 28**).

TABAQUISMO EN MÉDICOS Y ENFERMERAS		
Colectivo	**% de fumadores**	
	Varones	**Mujeres**
Médicos	35	36
Enfermeras	--	45
Población general	45	27

Cuadro 28

Lo mejor es prevenir

Como en todo. Pero en el caso del tabaco no es fácil. La presión social y otros factores hacen que el tabaquismo se considere parte del entramado social de los adultos, al que los adolescentes quieren llegar quemando etapas. Creen, por ello, que fumando las quemarán más rápido y llegarán antes. No debe sorprender, pues, que la edad promedio a la que se

A QUÉ EDAD SE COMIENZA A FUMAR EN ESPAÑA		
Edad (años)	% que lo han probado	
	Varones	Mujeres
11	18,5	13,7
15	55,2	66,1

Cuadro 29

empieza a fumar en España hoy en día sea de 13 años (**Cuadro 29**). De hecho, si una persona no se inicia en el tabaquismo en la adolescencia, raro será que lo haga después (el 80% de los fumadores ya lo son a los 18 años).

Trataremos en este capítulo únicamente de la prevención en sentido estricto, es decir, del primero de los objetivos que las autoridades sanitarias se plantean en relación con el tabaquismo (**Cuadro 30**), aunque las medidas que citaremos también ayudarán a los otros.

OBJETIVOS DE CONTROL DEL TABAQUISMO	
Grado	**Objetivos**
Esencial	Evitar que los niños y jóvenes se inicien en el hábito
Importantes	Reducir la prevalencia del tabaquismo. Proteger al no fumador
"Mal menor"	Minimizar los daños en los fumadores ("consumo responsable")

Cuadro 30

Actuación en el ámbito individual

Los factores de tipo personal o interno que llevan a fumar tienen que ver con la genética y con el comportamiento. Los **factores genéticos** no los consideraremos, por ser aún parcialmente desconocidos y totalmente inmodificables por ahora. Se han delimitado algunos **rasgos psicológicos** que determinarán mayor facilidad para iniciarse en el consumo de tabaco (**Cuadro 31**). Estos factores internos son dudosos, de difícil demostración y sobre ellos poco puede hacerse a nivel individual.

FACTORES PSICOLÓGICOS QUE PUEDEN ASOCIARSE CON LA MAYOR FACILIDAD PARA QUE UNA PERSONA SE HAGA FUMADORA	
No patológicos	**Patológicos**
Extroversión	Estados depresivos
Impulsividad	Alteraciones de la conducta
Sociabilidad	
Contravención	

Cuadro 31

Actuación en el ámbito social

Hay una serie de factores relacionados con el círculo familiar y social de los adolescentes que facilitan que éstos caigan en el tabaquismo (**Cuadro 32**). Todos son bien conocidos y son el objeto de las medidas de actuación que a continuación discutiremos.

FACTORES SOCIALES QUE FACILITAN LA CAÍDA EN EL TABAQUISMO	
Indicadores	**Mantenedores**
Imitación (padres, maestros, amigos, "ídolos")	Adicción farmacológica
Disponibilidad fácil	Conducta motora estereotipada
Facilitación social	Inocuidad aparente (a corto plazo)
Rebeldía	

Cuadro 32

Salud para todos

Tabaquismo y enfermedad

En la **familia**, el papel ejemplar de los padres, tanto para lo bueno (no fumar) como para lo malo (fumar) es claro y no es preciso profundizar en él. "De padres fumadores, hijos fumadores". Lo mismo sucede en el ámbito **escolar**, que es donde hoy día se gestan los fumadores, la mayoría de las veces en ambos sexos (hace 30 años era en el Servicio Militar, y por ello la mayoría de fumadores eran hombres).

> **En la familia el papel de los padres para lo bueno y lo malo es decisivo.**

Las medidas de atención individual y las **campañas educativas** en la edad escolar son eficaces cuando están dirigidas a todos los colectivos implicados (niños y adolescentes, padres, maestros), son continuas y se amoldan a la edad y características de sus destinatarios (**Cuadro 33**).

EDUCACIÓN ANTITABACO EN LA EDAD ESCOLAR		
Niños	**Adolescentes**	**Padres y maestros**
Advertirles que deben decir NO si alguien les ofrece cigarrillos	Hacer énfasis en los aspectos ecológicos, deportivos e higiénicos	Convencerles de que su consejo es muy eficaz
Estimularles para que procuren que sus amigos no fumen	Fomentar la independencia y la rebeldía ante las modas	Advertirles que comiencen a hablar a sus hijos/alumnos desde los 5 años de la importancia de no caer en el hábito
Explicarles los riesgos y costos del tabaco y los beneficios de la abstención	Ofrecerles ayuda	Insistirles en la necesidad de abandonar el hábito si ellos mismos son fumadores
Ofrecerles ayuda		

Cuadro 33

Actuación en el ámbito de los poderes públicos

Se incluyen en este apartado las medidas propagandísticas y legislativas que adoptan gobiernos, entidades públicas, instituciones sanitarias y otras organizaciones con la finalidad de evitar o contrarrestar los factores que influyen en el inicio del hábito tabáquico en la adolescencia.

Campañas informativas

Estas campañas tienen una serie de objetivos, delimitados por la Organización Mundial de la Salud (**Cuadro 34**). Sin embargo, su carácter inespecífico las hace más voluntariosas que eficaces, tanto para prevenir el tabaquismo como para erradicarlo.

OBJETIVOS DE LAS CAMPAÑAS ANTI-TABACO

- Conseguir que el público conozca las consecuencias del consumo de tabaco para la salud y sea consciente de la magnitud del problema del tabaquismo

- Lograr que las personas encargadas de tomar decisiones se den cuenta de la necesidad de la lucha antitabáquica y de las posibilidades de acción en este campo

- Procurar que las personas cuyos ejemplos y actitudes son fundamentales en la lucha antitabáquica (políticos, maestros, personal sanitario) tomen conciencia de la importancia de su papel y actúen en consecuencia

- Contrarrestar los efectos de la información tendenciosa, en especial la difundida por las compañías tabacaleras

- Ayudar a proteger los derechos de los no fumadores

- Crear una atmósfera social en la cual la abstinencia de fumar sea considerada como una conducta normal y socialmente aceptable

---

Cuadro 34

Medidas legislativas

Los distintos estados han adoptado diversas medidas legislativas y fiscales que regulan aspectos importantes de la incitación al hábito de fumar, sobre todo en niños y adolescentes (**Cuadro 35**).

MEDIDAS LEGISLATIVAS ANTI-TABACO

- Regulación de la publicidad del tabaco

- Impresión obligatoria en los paquetes de advertencias sobre el daño del tabaco

- Impresión obligatoria del contenido en nicotina y alquitrán en los paquetes

- Establecimiento de los límites máximos de componentes tóxicos de los productos a la venta

- Adopción de una política impositiva enérgica

- Restricción de la venta en determinados lugares o a ciertos colectivos

- Regulación del consumo en lugares concretos o por determinadas personas

---

Cuadro 35

La regulación de la **publicidad** del tabaco ha sido polémica. Tendría cierta eficacia si se cumpliera, noblemente, la prohibición de que se asocie al tabaco con situaciones agradables (cuerpos estupendos de ellos y ellas, vida en libertad en la naturaleza, ases del deporte) en los mensajes comerciales. A este respecto, es interesante conocer los argumentos falaces que usa la poderosísima industria tabacalera en sus mensajes promocionales (**Cuadro 36**). Recuérdese que la publicidad del tabaco supone casi el 2% del gasto publicitario total en España.

ARGUMENTOS UTILIZADOS POR LA INDUSTRIA TABAQUERA PARA JUSTIFICAR SUS CAMPAÑAS PUBLICITARIAS (tomados de T. Salvador. *Libro blanco del tabaquismo en España. CNPT, 1998*)

- Si el tabaco es un producto de venta legal, debe permitirse que también lo sea su publicidad

- La publicidad del tabaco no pretende aumentar la demanda global de tabaco, sino redistribuir el mercado entre las distintas marcas

- La publicidad del tabaco se dirige solamente a la población adulta ya consumidora, no a los niños ni a los adolescentes

- La publicidad proporciona a los consumidores información relevante y veraz sobre métodos "más saludables" de consumir determinados tipos de tabaco que el mercado ofrece; por lo tanto, la publicidad es un instrumento eficaz para la información del consumidor y la mejora de su salud

- La financiación de actividades culturales y deportivas, más que una simple estrategia publicitaria, es señal de que la industria se preocupa desinteresada y generosamente por el fomento de la cultura y el deporte en la sociedad

- La publicidad de diversos productos (ropa, calzado, relojes, productos deportivos y de moda juvenil) que se comercializan utilizando marcas de cigarrillos no puede considerarse como publicidad indirecta del tabaco

- Airear o denunciar los supuestos abusos legislativos en contra de los fumadores no es publicidad del tabaco, sino únicamente reivindicación de la libertad de expresión en países con regímenes que no respetan las libertades básicas

Cuadro 36

En cambio, a los destinatarios de estas campañas, las **advertencias** en letra pequeña en los paquetes de cigarrillos del tipo "Las Autoridades Sanitarias advierten que el tabaco perjudica seriamente la salud", les suenan lo mismo que "Ahorra agua" o "Recicla la basura" de los Ayuntamientos o "Ellos no pudieron evitarlo" de la Jefatura de Tráfico. Algo influyen, pero parece que no mucho.

Salud para todos

Tabaquismo y enfermedad

La información y limitación del **contenido tóxico** del tabaco parece poco eficaz para evitar el consumo y muy poco para reducirlo. Las medidas fiscales, en cambio, parece que sí. En estudios realizados en diversos países se ha encontrado que el principal factor disuasor para que los jóvenes no fumen es que el tabaco sea **carísimo**.

La información y limitación del contenido tóxico del tabaco parece poco eficaz para evitar el consumo y muy poco para reducirlo.

Por último, las medidas de **prohibición de la venta** en determinados lugares son poco eficaces en general. Lo mismo sucede con las medidas encaminadas a **evitar el tabaquismo pasivo**, candorosamente difundidas pero poco observadas porque faltan los mecanismos de control de su cumplimiento y de sanción de su incumplimiento.

Se debe y se puede dejar

El 71% de los fumadores intentan cada año dejar de fumar. Muchos no lo consiguen. El 70% de los adolescentes fumadores confiesan que no fumarían si pudieran elegir de nuevo. Pero no pueden. Es de esperar que la lectura de este último capítulo ayude a mejorar este índice de éxitos. Pero, claro, no se consigue sólo leyendo. Puede hacerse, pero hay que poner algo más en juego.

Dejar de fumar también es importante. Hablaremos sólo de la abstención total y definitiva, aun reconociendo que hay un 2% de fumadores que se mantienen y se sienten confortables fumando 2 ó 3 cigarrillos diarios. No hay un número de cigarrillos "seguro" por debajo del cual el riesgo sea inapreciable.

Beneficios del cese del tabaquismo

Todos los males enumerados en capítulos anteriores van desvaneciéndose conforme pasa el tiempo sin fumar. Nos limitaremos a una breve reseña de los principales efectos favorables del abandono del tabaco en los fumadores, hayan padecido o no alguna de las enfermedades en cuestión.

Estos efectos pueden ser a corto y a largo plazo. Los **efectos a corto plazo** se refieren a los beneficios experimentados por el propio fumador durante el primer año de la abstención (**Cuadro 37**).

EFECTOS A CORTO PLAZO DEL CESE DEL TABAQUISMO	
Intervalo desde el último cigarrillo	**Efecto**
20 minutos	Los parámetros cardíacos (frecuencia y tensión) se normalizan
8 horas	La carboxihemoglobina desaparece
72 horas	Comienzan a abrirse las vías respiratorias y disminuye la tos
7 días	Comienzan a recuperarse el olfato y el gusto
15 días	La piel recupera tersura Mejoran el humor, el insomnio y la capacidad de concentración
3 meses	Se recupera el 80% de la capacidad respiratoria y la de ejercicio
6 meses	Se normaliza la susceptibilidad a las bronquitis y casi han desaparecido la tos y la expectoración El individuo puede considerarse exfumador

Cuadro 37

Por **beneficios a largo plazo** entendemos la reducción del riesgo de complicaciones que el ex fumador tiene, pero de la que no es consciente, como es lógico (**Cuadro 38**).

EFECTOS DEL CESE DEL TABAQUISMO SOBRE LAS COMPLICACIONES DEL MISMO		
Complicación	**Reducción del riesgo (años)**	
	Al 50% del previo	**Hasta el de los que nunca fumaron**
Mortalidad	5	15
Enfermedad cardiovascular	1	5 - 10
Cáncer	5 - 10	8 - 15
Enfermedad cerebrovascular	2	8

Cuadro 38

Otra manera de cuantificar el efecto favorable del cese del tabaquismo es calcular el índice **costo/beneficio**. Se trata de un cociente en el que el numerador es el costo del procedimiento (generalmente en dólares, puesto que estos estudios se han propugnado y se realizan casi todos en EE UU) y el denominador es un indicador del beneficio obtenido.

El abandono del tabaco da un cociente costo/beneficio de 200 a 4.000 dólares por año de vida salvada.

Suele utilizarse aquí el concepto "años de vida ganada" en el caso de enfermedades o situaciones que aumentan la mortalidad (el tabaco es una de ellas). Pues bien, el abandono del tabaco cuesta poco y se obtiene mucho, lo que da cocientes costo/beneficio de 200 a 4.000 dólares por año de vida salvada. Esta cifra es bajísima si tenemos en cuenta que el umbral por debajo del cual se considera efectivo un procedimiento es de menos de 100.000 dólares por año de vida ganada.

Inconvenientes de dejar de fumar

Algunos hay. Quienes emprendan el camino de la deshabituación deben saber que experimentarán el **síndrome de abstinencia**, que comienza a partir de las 4-6 horas del último cigarrillo, será máximo al cuarto día y se mitigará mucho a partir de las dos primeras semanas. No deberían dudar en solicitar ayuda durante este período si lo precisan. En todo caso, bueno será que conozcan lo que les espera (**Cuadro 39**).

SÍNTOMAS DEL SÍNDROME DE ABSTINENCIA	
Físicos	**"Psíquicos"**
Temblor	Insomnio
Sudoración	Dificultad de concentración
Cansancio	Ansiedad
Vértigo	Irritabilidad
Cefalea	Agresividad
Diarrea	Depresión (en personas propensas)
Tos y expectoración	

Cuadro 39

La segunda consecuencia importante del cese del tabaquismo es el **aumento de peso**. Sobre este asunto hay tanto escrito y tantas opiniones que parece difícil ofrecer algo relevante. Intentémoslo (**Cuadro 40**).

ACERCA DEL AUMENTO DE PESO AL DEJAR DE FUMAR
• El 85% de los que dejan de fumar ganan peso, el 10% lo mantienen y el 5% lo pierden
• El promedio de ganancia de peso es de 3 a 5 kg
• Ganan más peso al dejar de fumar los fumadores severos, los de más edad, los sedentarios, los que toman alcohol y los ya obesos anteriormente
• La ganancia de peso es máxima entre el primer y el segundo año, y comienza a reducirse a partir del cuarto año
• Esta ganancia de peso puede minimizarse si, a la vez que se deja de fumar, se regula la alimentación y se hace ejercicio físico

Cuadro 40

Las razones de la ganancia de peso son varias. En primer lugar, el ex fumador tiende a **aumentar la ingesta**, sobre todo de hidratos de carbono, por ansiedad o sustitución gestual, porque mejoran el gusto y el olfato, por alivio de la gastritis y por la mejora de la tolerancia a la cantidad o calidad de los alimentos. En segundo lugar, se **reduce el consumo calórico** que la nicotina aumentaba cuando se fumaba (unas 200 kcal diarias). Finalmente, desaparece también el efecto frenador de la nicotina y la hiperactividad adrenérgica que ésta provoca sobre la **actividad de los adipocitos** (las células que acumulan la grasa). En resumen, los "abstinentes" comen más, consumen menos y la grasa se acumula más (sobre todo en la cintura).

Los "abstinentes" comen más, consumen menos y la grasa se acumula más (sobre todo en la cintura).

No se desanimen quienes se echen atrás al leer lo anterior. En apartados posteriores ofreceremos procedimientos para evitar o reducir estas consecuencias desfavorables.

El proceso de deshabituación

Desde el punto de vista psicológico, fumar es una conducta regulada por sus consecuencias inmediatas y de alta capacidad de repetición debido al "premio". Este premio puede ser positivo (obtención de un placer) o negativo (evitar una molestia). La nicotina tiene un valor indudable en este refuerzo, pues la recompensa es inmediata y fuerte (tarda menos de 10 segundos en llegar al cerebro, ya lo dijimos).

Desde el punto de vista farmacológico, es bien conocido que la nicotina desempeña un papel importante en el desarrollo de la **dependencia**. El fumador tiene tendencia a establecer una frecuencia de consumo mediante la cual mantiene sus niveles séricos de nicotina circulante para no presentar síndrome de abstinencia (**Figura 17**).

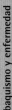

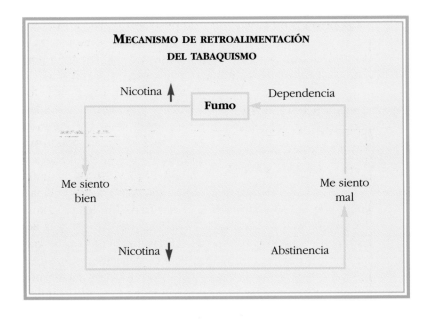

Figura 17

El proceso general que tiene lugar cuando un individuo se plantea dejar de fumar sigue tres fases: elegir un motivo, tomar la decisión y llevarla a cabo (**Figura 18**).

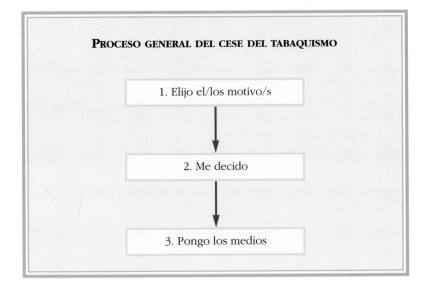

Figura 18

Motivación

Los motivos que han aparecido en diversos estudios como los más importantes que suelen impulsar a un fumador a intentar dejar de serlo son diversos (**Cuadro 41**).

MOTIVOS PRINCIPALES QUE IMPULSAN AL CESE DEL TABAQUISMO (por orden de importancia)

1. Miedo a la enfermedad

2. Mejora de síntomas

3. Ahorro económico

4. Mejora estética

5. Compelimento familiar

6. Aprobación social

Cuadro 41

Decisión ejecutiva

Una vez decididos el o los motivos que llevan al cese del hábito, el segundo paso es la decisión ejecutiva. La comparación con el proceso de la compra de cualquier objeto (un coche, por ejemplo) ayudará a entender este concepto (**Figura 19**). Si permanecemos eternamente dubitativos en el circuito de la izquierda, no podremos

> **Una vez decididos el o los motivos que llevan al cese del hábito, el segundo paso es la decisión ejecutiva.**

decir que hemos tomado una decisión. Sólo diremos "me he decidido" cuando demos los pasos necesarios para darle cumplimiento (camino de la derecha).

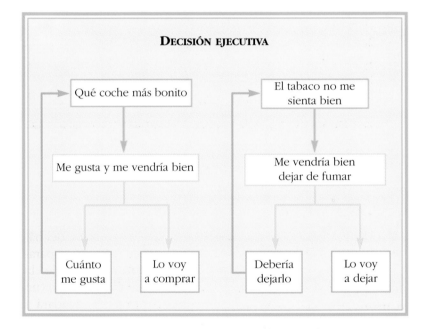

Figura 19

Fases del proceso

Dejar de fumar no es un asunto dicotómico: o sí, o no. Es un **proceso de cambio** donde, como en cualquier otro, su conocimiento ayuda a superarlo mejor. No entraremos en profundidades, pero sí aportaremos los datos que creemos de más interés. Las fases de este proceso han sido delimitadas en diversos estudios realizados a partir de 1994 (**Figura 20**).

Salud para todos

Tabaquismo y enfermedad

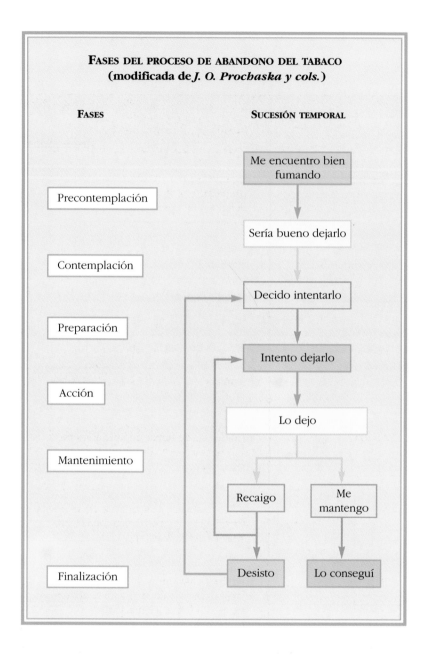

FASES DEL PROCESO DE ABANDONO DEL TABACO
(modificada de *J. O. Prochaska y cols.*)

FASES · SUCESIÓN TEMPORAL

Precontemplación

Contemplación

Preparación

Acción

Mantenimiento

Finalización

Me encuentro bien fumando

Sería bueno dejarlo

Decido intentarlo

Intento dejarlo

Lo dejo

Recaigo · Me mantengo

Desisto · Lo conseguí

Figura 20

La definición de estas fases también es interesante y vale la pena presentarla, aunque los términos empleados -traducidos de forma excesivamente literal del inglés- no sean demasiado bellos ni ortodoxos (**Cuadro 42**).

FASES DEL PROCESO DE ABANDONO DEL TABACO (modificada de *J. O. Prochaska y cols.*)	
Situación	**Descripción** (desde el punto de vista del fumador)
Precontemplación	• No considero mi hábito como problema y no tengo intención de dejarlo al menos en los próximos seis meses
Contemplación	• Comienzo a considerar mi conducta como problemática, me informo y me planteo dejarlo en los próximos seis meses
Preparación	• Estoy decidido a dejarlo el próximo mes, e incluso lo he intentado al menos una vez durante 24 horas o más en el último año
Acción	• He dejado de fumar durante al menos 24 horas (este es el período de mayor riesgo de recaída)
Mantenimiento	• Ya llevo más de seis meses sin fumar (aún hay riesgo de recaída, pero cada vez es más fácil resistir)
Finalización	• Ya llevo cinco años sin fumar (ya no tengo ganas de hacerlo y mi confianza en resistir frente a situaciones problemáticas es total)

Cuadro 42

Salud para todos

Tabaquismo y enfermedad

Métodos de ayuda a la deshabituación

No debe ser este libro el único lugar donde los fumadores se informen de los métodos de ayuda a la deshabituación. Hay médicos, institutos especializados y profesionales varios que tienen los conocimientos y la autorización para aplicar los diversos métodos que aquí presentaremos a título únicamente informativo.

Cuando una persona intenta seriamente dejar de fumar, tiene un 50% de posibilidades de conseguirlo.

Comencemos recordando que, cuando una persona intenta seriamente dejar de fumar, tiene un 50% de posibilidades de conseguirlo. Además, el 90% de las personas que dejan de fumar lo consiguen por sí sólos, sin ayudas especiales. Éstas, pues, son de aplicación a los fumadores que se consideren incapaces de dejar el tabaco por sus propios medios y con sus propias fuerzas. Deben saber que estos métodos existen, que tienen bastante eficacia y que pueden utilizarlos si los necesitan.

Los métodos de ayuda que se ofertan a los fumadores en proceso de abandonar el tabaco pueden clasificarse según el objetivo al que van dirigidos en las fases de tal proceso, tal como presentamos anteriormente (**Cuadro 43**).

MÉTODOS DE AYUDA A LA DESHABITUACIÓN DEL TABACO	
Objetivos	**Métodos**
Decisión	Campañas publicitarias
Puesta en práctica	Consejo médico
Mitigación del síndrome de abstinencia	Técnicas "naturales" Métodos "psicológicos" Métodos farmacológicos
Mantenimiento	Ayuda

Cuadro 43

Campañas públicas

En el capítulo anterior ya discutimos los objetivos, virtudes y rendimiento de esta campañas, similares a las que tienen por objeto la prevención del tabaquismo.

El objetivo de "no normalización" o "tolerancia cero", es decir, la observación estricta de la legislación sobre publicidad y consumo de tabaco y la presión fiscal, se ha demostrado eficaz, por ejemplo, en el *California Tobacco Control Program*, iniciado en 1989 y financiado con una sobretasa a los residentes en dicho estado norteamericano. De 1989 a 1992, el consumo de tabaco se redujo en 2,7 cajetillas de tabaco/año cada uno de esos cuatro años, y la mortalidad por cardiopatía isquémica se redujo en el mismo período en 2,93 muertes anuales por cada 100.000 habitantes.

Consejo médico

Considerando en este apartado no sólo a los médicos, sino en un sentido amplio a cualquier otro profesional involucrado en la atención sanitaria, afirmaremos desde un principio que todos ellos son el colectivo social con mayor influencia -positiva y negativa- sobre la prevalencia del tabaquismo en la población. De hecho, la mayoría de los organismos oficiales (Organización Mundial de la Salud, Ministerios de Sanidad, Colegios de Médicos) de diversos países coinciden en que es muy difícil reducir el tabaquismo sin la participación activa de los profesionales de la Sanidad (**Figura 21**). Baste saber que el 70% de los fumadores afirman (aunque la fiabilidad de esta declaración puede cuestionarse) que dejarían de fumar si el médico así se lo aconsejara.

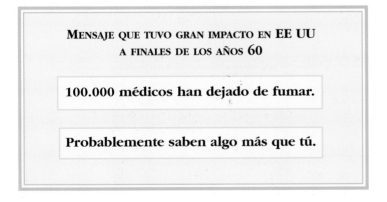

MENSAJE QUE TUVO GRAN IMPACTO EN EE UU A FINALES DE LOS AÑOS 60

100.000 médicos han dejado de fumar.

Probablemente saben algo más que tú.

Figura 21

Los médicos y los profesionales de la sanidad desempeñan cuatro **funciones** esenciales para la erradicación del tabaquismo (**Cuadro 44**).

PAPEL DE LOS PROFESIONALES DE LA SANIDAD EN LA ERRADICACIÓN DEL TABAQUISMO	
Función	**Componentes**
Modélica	Ejemplo personal (positivo y negativo)
Educadora	Formarse Formar
Sensibilizadora	Rutina asistencial
Social	Presión profesional

Cuadro 44

La función modélica o **ejemplarizadora** es esencial. Ya vimos que en España la situación no es todo lo buena que desearíamos. Esperemos que, poco a poco, este colectivo comience a tomar conciencia de su responsabilidad y a obrar en consecuencia (**Cuadro 45**).

<table>
<tr><td>

NORMAS BÁSICAS PARA LOS PROFESIONALES DE LA SANIDAD EN CUANTO AL TABAQUISMO EN SU FUNCIÓN EJEMPLARIZADORA

- No fumar en público en ninguna circunstancia

- Respetar y hacer respetar la prohibición de fumar en las zonas de los centros sanitarios destinadas al público

- Abstenerse de ofrecer/aceptar tabaco a/de los pacientes como signo de confianza

- No aceptar obsequios relacionados con el tabaquismo y explicar las razones

- Adoptar siempre una actitud positiva frente a las ventajas de no fumar

</td></tr>
</table>

Cuadro 45

La función **educadora** también es importante. Médicos y profesionales de la salud, además de formarse en este campo y estar al día de las alternativas terapéuticas, deben aprovechar cualquier ocasión para ofrecer ayuda a los fumadores con los que se encuentren. Para ello, sería ideal que dispusieran de material escrito para entregar a quienes se lo soliciten o a quienes crean que puede serles útil. Hay bastantes guías disponibles para ayudar a los médicos en esta línea, que pueden obtenerse en la Dirección General de la Salud

Los médicos, enfermeras y demás profesionales deben incluir en sus protocolos de historia clínica la mención expresa de si el paciente fuma.

Pública del Ministerio de Sanidad y Consumo o en las Direcciones Generales de las Consejerías de Sanidad de las distintas Comunidades Autónomas.

La función sensibilizadora o **concienciadora** es quizá la más importante. No se olvide que cada fumador acude un promedio de cuatro veces al año a su médico de familia, y que cerca del 70% de los fumadores tienen que visitar al médico por una u otra razón.

Los médicos, enfermeras y demás profesionales deben incluir en sus protocolos de historia clínica la mención expresa de si el paciente fuma, ha fumado o no fuma, precisiones sobre circunstancias del consumo y sobre las enfermedades relacionadas con él. Igualmente, en cada consulta siempre deben suscitar la necesidad de que el paciente abandone el hábito por razones médicas. Además, deben conocer los posibles lugares donde los pacientes pueden solicitar ayuda especializada e informar a éstos acerca de ellos (**Cuadro 46**).

CENTROS DISPONIBLES EN ESPAÑA PARA AYUDAR A LOS FUMADORES	
Ámbito	**Número**
Privado	600
Público	15 (Unidades Especializadas para casos recalcitrantes)

Cuadro 46

Esta oportunidad, a pesar de su eficacia, no se utiliza todo lo que se debería. Por ejemplo, en un país tan socialmente concienciado (en teoría) como EE UU, en una encuesta realizada en 1998 se descubrió que sólo el 40% de los fumadores (y el 10% de los obesos) que acudían a una consulta médica recibieron consejos para el tratamiento de estos importantes factores de riesgo para la salud.

Por último, no hay que despreciar la **función social**, basada en la credibilidad de estos profesionales para forzar a la Administración a implantar las medidas legislativas y de control precisas. En otros países ha funcionado este papel; en el nuestro, algo menos.

¿Cómo puede **aplicarse** todo este ambicioso programa? Quizá no sea este libro el lugar adecuado para profundizar en ello. Pero, como quiera que no es descabellado esperar que

APLICACIÓN DEL CONSEJO MÉDICO AL FUMADOR

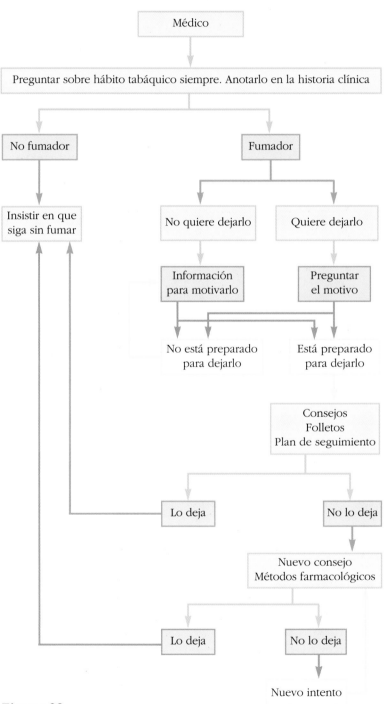

97

Salud para todos

Tabaquismo y enfermedad

Figura 22

haya médicos que lean este libro (¡gracias!), quede plasmado un esquema de tal aplicación (**Figura 22**).

Las **tasas de éxito** del consejo médico son bastantes altas, sobre todo si se comparan con otros procedimientos que más adelante se verán (**Cuadro 47**).

ÉXITO (ABSTENCIÓN AL AÑO) DEL CONSEJO MÉDICO PARA DEJAR DE FUMAR	
Grupo	Éxito (%)
Pacientes con una complicación grave (infarto, cáncer)	Aislado: 40 Junto con otras medidas: 75
Resto de individuos	10

Cuadro 47

Técnicas "naturales"

Incluimos en este apartado aquellos procedimientos no farmacológicos aplicados a solucionar los tres inconvenientes principales con los que se encuentra el fumador desde el momento en que decide dejar el vicio: las tentaciones, el síndrome de abstinencia y el aumento de peso.

Las técnicas naturales son los procedimientos no farmacológicos aplicados a solucionar los inconvenientes con los que se encuentra el fumador cuando decide dejar el vicio.

El término "**tentaciones**" se refiere a los condicionantes sociales, laborales o familiares que si son favorables pueden ayudar, y si no lo son pueden impedir la consecución de la abstención definitiva. Todos ellos deben conocerse y eliminarse en lo posible (**Cuadro 48**).

**CONSEJOS BÁSICOS PARA EL FUMADOR QUE COMIENZA
UN PROCESO DE DESHABITUACIÓN**

- Contar con la colaboración de la familia, amigos y compañeros de trabajo

- Decidir un día concreto en el que abandonar el vicio

- Hacer saber a todos sus conocidos que va a dejar de fumar y cuándo, y pedir colaboración para que nadie le "tiente" ni fume en su presencia

- Hacer desaparecer de su entorno (domicilio, vehículo, trabajo) todos los elementos que le recuerden su anterior vicio (ceniceros, mecheros, cajetillas de tabaco, pipas) e instruir en tal sentido a las personas que le rodean

- Sustituir la gestualidad adquirida con el tabaquismo (manos, boca) por otra inocua (pipas de mentol, chicles sin azúcar, caramelos sin azúcar, pelotas "antiestrés")

- Evitar (al menos los primeros días) las situaciones asociadas al consumo inconsciente de tabaco (reuniones, tertulias, viajes en coche)

- Recordar que el principal factor que influye en las recaídas es hacer trampas o permitirse el más mínimo desliz durante las primeras semanas. Cualquier "calada" hace prácticamente seguro el fracaso

- Recordar las razones que le han llevado a tomar la decisión y esgrimirlas explícita o interiormente en los momentos de tentación más arduos

Cuadro 48

La violencia del **síndrome de abstinencia** es muy variable en las distintas personas y depende del tiempo y de la intensidad del hábito, pero también de la firmeza de la resolución. De todos modos, es asunto que perturba a no pocos "peregrinos" del "camino de la deshabituación" y que puede mitigarse con procedimientos relativamente sencillos y razonables (**Cuadro 49**).

RECOMENDACIONES PARA PALIAR LOS SÍNTOMAS INICIALES DE LA ABSTINENCIA TABÁQUICA	
Síntomas	**Remedios**
Tos	Infusiones de hierbas u otros productos naturales
Sequedad de boca	Zumos, chicle sin azúcar
Insomnio	Evitar bebidas con cafeína después de la merienda. Infusiones. Técnicas de relajación. Deporte suave
Cefalea	Ducha o baños templados. Técnicas de relajación. Deporte al aire libre
Estreñimiento	Dieta rica en fibras. Agua en abundancia
Fatiga	Reducir la actividad física enérgica durante 15 días
Dificultad para concentrarse	Reducir la actividad intelectual "exigente" durante 15 días
Nerviosismo	Ducha o baños templados. Infusiones relajantes. Ejercicio suave
Hambre	Agua y zumos no azucarados en abundancia. Técnicas de relajación. Comer alimentos naturales, sobre todo frutas y verduras. Evitar los dulces. Evitar el alcohol

Cuadro 49

Para evitar o controlar el **aumento de peso** no hay procedimientos milagrosos. Dieta y ejercicio son claves, y deben cumplirse estricta y perseverantemente. Los que nunca hayan practicado ejercicio y tengan más de 40 años, conviene que visiten previamente a su médico para valorar su idoneidad. Todos estos consejos, de una forma o de otra, han sido incorporados a las diferentes técnicas "naturales" que se ofertan para ayudar a los fumadores a dejar de serlo ("plan de los cinco días" y similares) (**Cuadro 50**).

RECOMENDACIONES PARA AFRONTAR LOS PRIMEROS DÍAS SIN FUMAR		
Alimentación	**Hábitos**	**Cuando venga "el mono"**
Comidas sencillas	Al levantarse, ducharse con agua tibia y acabar con agua fría	Mantener entre las manos objetos distintos a un cigarrillo (bolígrafos, joyas, etcétera)
Evitar comidas abundantes		
Evitar fritos, carnes o condimentos fuertes	Después de comer no sentarse en el sillón a ver la televisión	Respirar despacio y profundo, y después sentarse en una posición cómoda
Tomar zumos de frutas (naranjas, uvas, limones, peras, pomelos, manzanas)	Lavarse los dientes después de cada comida	Aprender a relajarse
Beber dos vasos de agua media hora antes de cada comida principal	Hacer un poco de ejercicio tras las comidas (recoger la mesa, lavar los platos, dar un paseo)	Ducharse o tomar un baño si es posible
		Evitar los lugares contaminados con humo de tabaco
Incrementar el contenido de cereales	Lo que se pueda hacer andando no debe hacerse en coche	Repasar de vez en cuando la lista de razones para dejar de fumar
Aumentar la cantidad de tiempo dedicado a desayunar	Practicar algún deporte suave como tenis, natación, ciclismo o baloncesto	No desesperarse si el control falla y se escapa algún cigarrillo "suelto"
Eliminar los alimentos que se asocian con el hábito de fumar	Mantener las manos ocupadas durante todo el tiempo	Volver a intentarlo
	Cultivar las aficiones pospuestas	

Cuadro 50

Quizá a algunos les interese conocer la historia del "método de los cinco días", que se puso de moda hace algunos años. Es una historia interesante porque muestra lo variopinto de las entidades que se involucran en el tema del tabaquismo y la deshabituación (**Cuadro 51**).

HISTORIA DEL "PLAN DE LOS CINCO DÍAS"

- Al inicio de los años 50, ante la demostrada gravedad de las consecuencias nocivas del tabaco para la salud, comenzaron a desarrollarse diversos métodos de ayuda para la deshabituación. Uno de estos métodos fue diseñado por la Iglesia Adventista a través de su organización de voluntarios denominada *American Health Temperance Association* (Asociación Americana de Salud y Templanza)

- Esta asociación financió en 1954 la producción de una película titulada: Uno entre veinte mil, en la que se relataba la historia de un joven periodista fumador que murió de cáncer de pulmón. Esta película tuvo un gran impacto entre el público de habla inglesa, y buena parte de éste mostró interés en dejar de fumar

- J. W. McFarland y E. Folkenberg diseñaron un programa de acción que cristalizó en el método de deshabituación tabáquica que se denominó "Plan de los cinco días"

- En 1960 comenzó a ponerse en práctica, tras su análisis y aprobación por diversos especialistas sanitarios

- El éxito inicial fue grande y el método se extendió desde EE UU a Europa

- En España se presentó en Barcelona a mediados de los años sesenta, y pocos años después al resto de regiones

---

Cuadro 51

Métodos "psicológicos"

Incluimos en este apartado diversos procedimientos que ayudan al fumador, mitigando las consecuencias del síndrome de abstinencia en el área psicológica y modificando los aspectos conductuales y de motivación. Hasta la aparición de los factores que se explicarán en el apartado siguiente, eran los únicos métodos disponibles (**Cuadro 52**).

MÉTODOS "PSICOLÓGICOS" ANTITABACO	
Modificación de la conducta	Hipnosis
Entrenamiento asertivo	Terapia de grupo
Técnicas de aversión	Acupuntura
por saciación	Acupuntura láser

Cuadro 52

No puede decirse que tengan demasiada eficacia, o al menos es muy variable entre unos individuos y otros. Parece que las sesiones individuales de **hipnosis** (durante las cuales se sugieren al fumador motivos para dejar de serlo) pueden conseguirse algunos resultados esperanzadores para evitar recaídas y depresiones al dejar de fumar. La **acupuntura**, cuyo mecanismo de actuación rebasa ampliamente el alcance de esta revisión, se sirve de minúsculas grapas colocadas en las orejas, que el fumador presiona cada vez que tenga deseo de fumar. No hay datos fiables sobre la eficacia de esta técnica, a pesar de los años que lleva propugnándose. Algo parecido sucede con el **láser**, que sustituye a la acupuntura, sólo que las agujas se reemplazan por un puntero láser aplicado en distintas partes del cuerpo en una sola sesión.

Métodos "farmacológicos"

Se han desarrollado métodos farmacológicos para ayudar al tratamiento del tabaquismo, reduciendo los efectos desfavorables de la abstinencia o reforzando la misma (**Cuadro 53**).

De todos los existentes, haremos únicamente breves comentarios de tipo práctico sobre los sustitutos de la nicotina y sobre el bupropion. La eficacia de estos procedimientos no es espectacular, pero si consideramos los índices de abstinencia de los pacientes tratados con placebo al año (menos del 10%), puede decirse que son satisfactorios (**Figura 23**). Recuérdese que estos estudios se realizan en individuos recalcitrantes, por lo que conseguir que más de la cuarta parte de ellos lo abandonen puede considerarse bastante satisfactorio (**Cuadro 54**).

MÉTODOS FARMACOLÓGICOS ANTITABACO	
Mecanismo	**Fármacos**
Sustituyen a la nicotina y permiten su retirada progresiva	Nicotina (chicle, parches, inhaladores)
Amortiguan los síntomas de la abstinencia	Benzodiazepinas Clonidina Bupropion Antidepresivos Mecamilamina (experimental) Vigabatrina (experimental)
Aversivos (hacen desagradable el gusto del tabaco)	Avena sativa Proteinato argéntico Esacorbuto de quinina

Cuadro 53

RESULTADOS DE UN ESTUDIO (*DE JORENBY Y COLS., 1999*) COMPARATIVO DE DIVERSOS MÉTODOS FARMACOLÓGICOS PARA DEJAR DE FUMAR

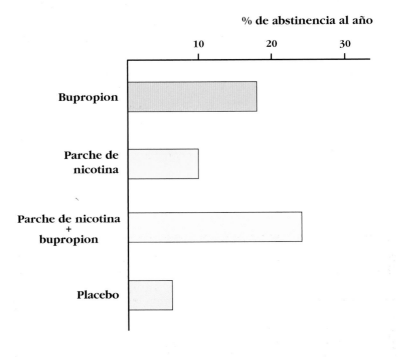

Figura 23

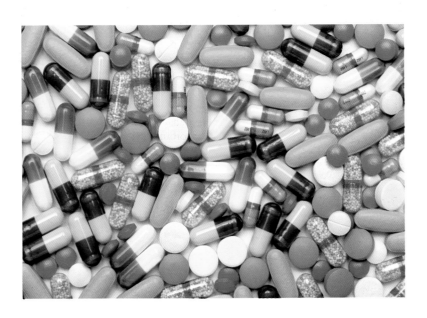

105

Salud para todos

Tabaquismo y enfermedad

VALORES PROMEDIO DE LOS ÍNDICES DE PERSEVERANCIA EN LA ABSTENCIÓN TABÁQUICA CON DIVERSOS PROCEDIMIENTOS		
Fármaco	**% de abstinencia**	
	A los 6 meses	**Al año**
Chicle de nicotina	20 - 35	15 - 20
Parches de nicotina	22 - 44	17 - 26
Bupropion	60 - 70	58
Plan de los 5 días	24	20
Acupuntura	< 10	?
Láser	?	?

Cuadro 54

Los **sustitutos de la nicotina** actúan suministrando nicotina exógena al fumador, la cual se libera de forma más lenta y en menores cantidades que si fumara. De este modo, se mantiene cierto nivel de nicotina en sangre, que evita el síndrome de abstinencia. Posteriormente, pueden ir reduciéndose paulatinamente las dosis hasta suprimir estos sustitutos por completo.

Si se mantiene cierto nivel de nicotina en sangre utilizando sustitutos se evita el síndrome de abstinencia.

Estos sustitutos se suministran en forma de chicles, parches transdérmicos y pulverizadores para administración intranasal. También hay comprimidos para administrar por vía sublingual, pero aún no se conocen bien su eficacia ni su modo de empleo (**Figura 24**).

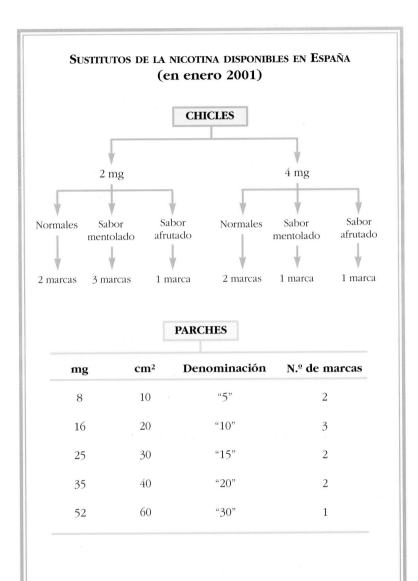

SUSTITUTOS DE LA NICOTINA DISPONIBLES EN ESPAÑA
(en enero 2001)

CHICLES

2 mg

Normales → 2 marcas
Sabor mentolado → 3 marcas
Sabor afrutado → 1 marca

4 mg

Normales → 2 marcas
Sabor mentolado → 1 marca
Sabor afrutado → 1 marca

PARCHES

mg	cm²	Denominación	N.º de marcas
8	10	"5"	2
16	20	"10"	3
25	30	"15"	2
35	40	"20"	2
52	60	"30"	1

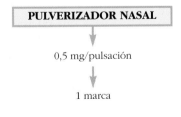

PULVERIZADOR NASAL

0,5 mg/pulsación

1 marca

Figura 24

Los **chicles** se utilizan simultáneamente con el abandono radical del tabaco. El individuo debe masticar lentamente un chicle cada vez que tenga deseos de fumar (por ello, debe disponer de ellos en cualquier lugar). Los fumadores severos suelen necesitar 4 mg, al menos al principio. El consumo habitual oscila entre 8 y 10 por día, y el máximo autorizado es de 20 al día. Debe recordarse que el café retrasa la absorción de la nicotina por la boca. El tratamiento debe durar al menos ocho semanas y no pasar de 12.

Los chicles, los parches transdérmicos, los pulverizadores nasales son los sustitutos de la nicotina más habituales.

Los **parches** se colocan sobre zonas limpias y lampiñas de la piel, en dosis decrecientes. Pueden utilizarse las 24 horas o retirarse para dormir. No debe realizarse ejercicio violento con ellos, pues la vasodilatación cutánea acelera la absorción de la nicotina. El tratamiento tampoco debe sobrepasar las 12 semanas.

En cuanto al **pulverizador nasal**, se utiliza a demanda, auto-administrándose el individuo una pulsación, alternando las fosas nasales, cada vez que lo desee. El máximo diario autorizado es de 20 mg/día (unas 40 pulsaciones).

Virtualmente, todas las personas pueden utilizar este tratamiento (salvo las embarazadas), incluso los cardiópatas, a pesar de algunas advertencias en contra que tienen poco fundamento la mayoría de las veces. En caso de dudas, es mejor consultar al médico o -en su defecto- al farmacéutico. Recuérdese que estos productos son de venta libre (sin receta médica y sin financiación estatal).

En cuanto a los **efectos adversos**, deben conocerse para esperarlos y evitarlos si se puede, aunque son similares a los que produce el propio tabaquismo (**Cuadro 55**).

EFECTOS ADVERSOS DE LOS SUSTITUTOS DE LA NICOTINA			
Todos	**Chicles**	**Parches**	**Pulverizador**
Ardor gástrico	Úlceras bucales	Irritación	Picor
Mareos		Ulceración	Estornudos
	Náuseas		
Cefalea			Rinorrea
	Problemas		
Estreñimiento	dentales		
Insomnio			

Cuadro 55

El **bupropion** (anfebutamona) es un inhibidor de la re-captación de la noradrenalina y la dopamina por las neuro-nas cerebrales, pero no de la serotonina (como los antidepresivos tipo *Prozac*). Este efecto hace que mejore el síndrome de abstinencia del tabaco y consiga altas tasas de éxito. Puede usarse también en combinación con parches de nicotina u otros procedimientos.

Se utiliza la dosis de 150 mg (única presentación disponi-ble, con dos marcas actualmente en España) una vez al día durante tres días, aumentando luego a dos comprimidos al día (uno por la mañana y otro por la noche). Cuando ya se llevan de ocho a diez días tomándolo, se deja de fumar radi-calmente y se continúa el tratamiento hasta ocho semanas.

Sólo se debe tomar bajo prescripción médica, pues hay al-gunas situaciones neuro-psiquiátricas en donde está con-traindicado y tiene diversas interacciones con otros fármacos. Tiene pocos efectos adversos, que se solapan con los de la propia deprivación del tabaco. El único relevante es el insomnio.

Salud para todos

Tabaquismo y enfermedad

Apéndice

Libros útiles

- Comité Nacional para la Prevención del Tabaquismo. *Libro blanco sobre el tabaquismo en España* (Barcelona. Espaxs, 1999).
- López V, ed. *Tabaco, hipertensión y órganos diana* (Barcelona. Glosa, 1998).
- Becoña E.; Louro A.; Montes A.; Varela M. *Ayudando a mis pacientes a dejar de fumar* (Santiago de Compostela. Consellería de Sanidade e Servicios Sociais, 1995).

Direcciones de Internet donde se puede obtener más información

- **http://www.nih.gov/**
  Publicaciones de los National Institutes of Health estadounidenses (On-line Consumer Health Publications):
  Check Your Smoking I.Q. (NLBI)
  Clearing the Air: A Guide to Quitting Smoking (NCI)
  I Mind Very Much if You Smoke (NCI)
  Smoking Facts and Tips for Quitting (NCI)
  Why Do You Smoke? (NCI)
  Smoking and Your Digestive System (NIDDK)
  Spitting into the Wind - The Facts about Dip and Chew (NIDCR)
  Spit Tobacco: Know the Score (NIDCR)
  Name Your Poison (poster) (NIDCR)
  Take a Close Look at what the Tobacco Industry Won't Show You (poster) (NIDCR)
- **http://www.coresalud.com**
  Información sobre enfermedades cardiovasculares, que incluye recomendaciones de prevención.
- **http://www.buscasalud.com**
  Guía sobre los recursos en red relacionados con la sanidad.
- **http://www.viatusalud.com**
  Portal con amplia información a los no profesionales sobre múltiples aspectos relacionados con la salud.
- **http://www.scs.rcanaria.es**
  Guía práctica para dejar de fumar del Servicio Canario de Salud.
- **http://www.ingcat.org**
  Página de la Coalición no Gubernamental Contra el Tabaco.
- **http://www.egalenia.com**
  Ofrece, aparte de una acertada puesta al día sobre el tabaquismo (y muchos otras publicaciones de salud), una completa lista de direcciones de Internet donde buscar información y ayuda.

Salud para todos

Tabaquismo y enfermedad

Dirección editorial: Raquel López Varela
Coordinación editorial: Ángeles Llamazares Álvarez
Diseño de la colección: David de Ramón
Coordinación Clínica Universitaria: José Ramón Unzué

111

© Eduardo Alegría Ezquerra
y EDITORIAL EVEREST, S. A.
www.everest.es
Carretera León-La Coruña, km 5 - LEÓN
ISBN: 84-241-8408-4
Depósito Legal: LE: 694-2002
Printed in Spain - Impreso en España

EDITORIAL EVERGRÁFICAS, S. L.
Carretera León-La Coruña, km 5
LEÓN (ESPAÑA)

Salud para todos

Tabaquismo y enfermedad